TDAH

12 PRINCÍPIOS PARA CRIAR UMA CRIANÇA COM TRANSTORNO DE DÉFICIT DE ATENÇÃO E HIPERATIVIDADE

Russell A. Barkley, PhD

TDAH

12 PRINCÍPIOS PARA CRIAR UMA CRIANÇA COM TRANSTORNO DE DÉFICIT DE ATENÇÃO E HIPERATIVIDADE

ALTA BOOKS
GRUPO EDITORIAL
Rio de Janeiro, 2023

Dados de catalogação na publicação

BARKLEY, RUSSEL A.
TDAH – 12 princípios para criar uma criança com Transtorno do Déficit de Atenção e Hiperatividade
Rio de Janeiro - 2023 - Alta Books

1. TDA 2. TDAH 3. Psicologia 4. Psicoterapia 5. Pais e filhos 6. Saúde

ISBN: 978-85-508-2388-1

Do original: 12 Principles for Raising a Child with ADHD

Editor: Milton Mira de Assumpção Filho

Tradução: Sonia Augusto

Produção Editorial: Gisélia Costa

Diagramação: 3Pontos Apoio Editorial

Capa: Isadora Mira

M.Books do Brasil Editora Ltda.
é uma empresa do Grupo Editorial Alta Books.

ALTA BOOKS
GRUPO EDITORIAL

Rua Viúva Cláudio, 291 – Bairro Industrial do Jacaré
CEP: 20.970-031 – Rio de Janeiro (RJ)
Tels.: (21) 3278-8069 / 3278-8419
www.altabooks.com.br – altabooks@altabooks.com.br
Ouvidoria: ouvidoria@altabooks.com.br

Editora
afiliada à:

Para meus netos,
as luzes e amores da minha vida:
Claire, Will, Liam e Craig

SUMÁRIO

PREFÁCIO

Obrigado por escolher este livro. Espero que ele seja um guia indispensável conforme você passa pelas tarefas cotidianas de cuidar de sua criança ou adolescente com Transtorno do Déficit de Atenção com Hiperatividade, TDAH, e criá-los. Meu objetivo é apresentar alguns critérios muito valiosos, desenvolvidos em quase 50 anos de trabalho com pais e seus filhos, e entregar a você um livro que você vai consultar repetidamente enquanto tenta fazer o que é melhor, não só para seu filho ou sua filha que lida com TDAH, mas para toda a sua família. Tenho confiança de que, ao adotar os 12 Princípios apresentados neste livro, você terá menos dificuldades para criar seu filho e elas serão menos graves, desenvolverá um senso maior de competência e de autoconfiança como pai, como mãe, mais paz em sua família, e uma criança ou adolescente com TDAH mais bem adaptado.

Se você conhece meu *best-seller Taking charge of ADHD*[1], pode estar se perguntando por que decidi escrever outro livro para pais a respeito desse transtorno. Afinal de contas, o subtítulo daquele livro é *The complete, authoritative guide for parents* (O guia completo e definitivo para pais), e já está na quarta edição. A resposta é muito simples: os pais de crianças com TDAH sofrem pressão de tempo e de soluções confiáveis para os desafios cotidianos. Com as centenas de famílias a quem forneci serviços clínicos e com o *feedback* de mais de 800 palestras, descobri que os pais precisam de um conjunto de diretrizes claras que os mantenham firmes

---

1 Há uma edição em português, publicada no Brasil com o título *TDAH – Transtorno do Déficit de Atenção com Hiperatividade.*

em sua intenção de criar uma criança saudável e feliz apesar do TDAH. Essas diretrizes, centradas na compreensão sólida daquilo com que estão lidando, podem equipá-los com soluções práticas comprovadas quando lidarem com os desafios de ter TDAH na família. É isso que você encontrará neste livro.

Taking charge of ADHD traz informações detalhadas sobre todos os aspectos do TDAH fundamentado na minha própria pesquisa e nas minhas revisões semanais de literatura científica mais recente. Este novo livro é baseado nos mesmos dados de pesquisa atualizados e sabedoria clínica e também está imbuído com outra dimensão, uma que é mais diretamente um produto de minha própria evolução pessoal e profissional. Conforme eu trabalhava com os milhares de pais por todo o mundo, minha compaixão e empatia pelas pessoas que são tão devotadas ao bem-estar de seus filhos aumentaram exponencialmente. Ao mesmo tempo, tive uma visão em primeira mão do que é se importar tão profundamente com uma criança que tem um transtorno e estar determinado a colocar essa criança na direção da saúde, do bem-estar e do sucesso. Há alguns anos, eu me tornei avô de uma criança no espectro autista, e desde então recebi o presente de participar ativamente de ações para ajudá-lo a superar os desafios do TEA. Observar meu neto alcançar diariamente vitórias de desenvolvimento tem sido uma grande alegria e isso me motivou a apoiar os pais de crianças com TDAH da mesma forma, por isso os incentivo a pastorear o próprio filho na direção da melhor vida que ele possa ter.

Assim, espero que este livro não seja apenas um recurso prático conciso, mas também um conforto e uma inspiração. Quando seu filho que está no 5° ano lembrar depois do jantar que tem de fazer uma maquete para entregar no dia seguinte de manhã, espero que você use o Princípio 2 para renovar sua paciência e lembre-se de que ele tem um transtorno e do que isso significa para sua realidade cotidiana. Quando o convite para a festa de aniversário de um colega da escola provocar calafrios de terror na sua espinha, gosto de pensar que você vai usar o Princípio 12 como ajuda para prever o caos e planejar como sua filha pode evitar se desintegrar no meio dele. Quando você jogar as mãos para o alto diante de todas as tarefas abandonadas, ignoradas ou deixadas pela metade que seu filho com TDAH acumulou, ou diante de todas as regras domésticas que ele quebrou apenas nessa manhã, espero que você leia o Princípio 4 e lembre-se de não surtar com as pequenas coisas, especialmente quando isso não ajuda a promover os objetivos importantes que você deseja para seu filho e sua família.

Você encontrará esse tipo de apoio e conselho e muito mais nas páginas que se seguem. Lembre-se: são princípios *orientadores*, com o objetivo de guiar você ao longo de um caminho que só você pode mapear. Lembre-se também de que há mais detalhes sobre o transtorno em *Taking charge of ADHD* para ajudá-lo a traçar seu mapa e permanecer no rumo certo.

COMO USAR ESTE LIVRO

Você pode usar este livro do jeito que acabei de descrever: folheando para encontrar a ajuda de que precisa desesperadamente, no momento em que estiver enfrentando um desafio específico comum de TDAH. Pode também ler o livro do início ao fim e, depois, voltar aos capítulos conforme precisar. (Aliás, com "você" e "pais" em todo o livro eu me refiro também a padrastos, madrastas, pais adotivos e responsáveis, avós e qualquer outra pessoa que tenha a responsabilidade básica de criar uma criança com TDAH.)

O capítulo introdutório e os cinco primeiros princípios fornecem uma base para a criação de uma criança com TDAH: entender as chaves do sucesso (1), lembrar que seu filho não está se comportando "mal" porque ele é "mau", mas porque ele tem um transtorno de desenvolvimento (2), assumir a atitude de um pastor (3), ajustar suas prioridades (4) e tornar-se mais consciente de seu filho e de suas interações com ele a cada momento (5). Os outros sete princípios se concentram em soluções mais pragmáticas para os problemas que os sintomas do TDAH impõem a seu filho (e a você): como usar recompensas e toque em vez de palavras para incentivar o comportamento desejado, como compensar os problemas de sua filha com tempo e memória, como ajudar seu filho a se organizar para ser bem-sucedido na escola e em outros lugares, como tornar a solução de problemas tangível e concreta e como evitar que o TDAH dificulte sair de casa. Se você não tiver lido *Taking charge of ADHD*, recomendo que leia primeiro a **Introdução** deste livro, que faz um breve percurso sobre a natureza de desenvolvimento do TDAH e como isso se traduz no que você vê como funcionamento diário de sua filha. Essa compreensão é crucial para adotar efetivamente todos os 12 princípios deste livro. A **Conclusão** é muito valiosa por esclarecer como os 12 princípios se unem em uma criação eficaz e gratificante de uma criança com TDAH.

Aprecio profundamente os conselhos e a ajuda de Kitty Moore e Chris Benton da The Guilford Press para tornar este livro um produto muito melhor e na produção do livro. Como sempre, agradeço a meus amigos Seymour Weingarter, editor chefe, e Bob Matloff, presidente da Guilford, pelo apoio contínuo a meus livros e a minha *newsletter*, escalas de classificação e outros produtos nos mais de 38 anos em que tenho publicado com eles. Por fim, quero agradecer aos milhares de pais de crianças e adolescentes com TDAH com quem trabalhei durante os mais de 40 anos de minha carreira por me darem tantos *insights* e conselhos sobre como criar melhor uma criança com TDAH.

NOTA DO AUTOR

Os detalhes de identificação em todos os exemplos de caso neste livro foram totalmente disfarçados para proteger a privacidade das famílias ou foram compostos por crianças reais que conheci em minha prática clínica.

Neste livro, alterno entre pronomes masculinos e femininos ao me referir a pessoas específicas. Fiz essa escolha para promover a facilidade de leitura conforme nossa linguagem continua a evoluir e não por desrespeito aos leitores que se identificam com outros pronomes pessoais. Sinceramente, espero que todos se sintam incluídos.

INTRODUÇÃO
Compreenda o TDAH

Vamos considerar isso: no decorrer das décadas depois que o transtorno passou a ser diagnosticado, o TDAH criou uma fama ruim. Na verdade, o nome é parte do problema. Como um rótulo que tem o propósito de transmitir o que significa, "transtorno do déficit de atenção com hiperatividade" é limitado, superficial e enganoso. Como resultado (com ajuda de informações erradas disseminadas), muitas pessoas não entendem realmente o que é esse transtorno. Isso não é bom para os pais expostos a essas visões inexatas porque a compreensão da natureza básica do TDAH é um pré-requisito para que seu filho tenha o tratamento apropriado – e o mais importante: para criar a criança com sucesso no dia a dia.

TDAH NÃO É APENAS UM TRANSTORNO DE ATENÇÃO

O TDAH não é apenas um transtorno de atenção. Ele é essencialmente um transtorno de autorregulação. Para falar de modo mais completo, é um transtorno do desenvolvimento neurológico do autocontrole e do funcionamento executivo. Compreender as implicações dessa definição desbloqueia todo o poder dos 12 princípios neste livro para ajudar você a criar com sucesso uma criança ou adolescente com TDAH.

Se você já leu a quarta edição de *Taking charge of ADHD*, está pronto para avançar em seu conhecimento da natureza do TDAH e não precisa ler este capítulo, a não ser para fazer uma revisão ou entender como cada um dos 12 princípios flui diretamente de acordo com aquilo que sabemos sobre TDAH no decorrer de décadas de pesquisa. Recomendo que você consiga um exemplar de *Taking charge of ADHD* para consultar quando quiser uma explicação mais detalhada do transtorno. Recomendo também o livro *Getting ahead of ADHD*, de Joel Nigg, que lhe dará um contexto mais científico, se for do seu interesse.

OS FATOS FUNDAMENTAIS SOBRE O TDAH

O TDAH é um transtorno do neurodesenvolvimento. Isso significa que o distúrbio geralmente surge durante a infância ou a adolescência e afeta o desenvolvimento do cérebro, principalmente nesses anos iniciais (embora ainda haja algum desenvolvimento cerebral até o final dos 20 anos). Pesquisas compararam varreduras cerebrais de crianças com TDAH e de crianças típicas por quase uma década e descobriram que aqueles com TDAH tiveram atraso médio no desenvolvimento cerebral de 2 a 3 anos durante essa fase. (Veja "A regra de 30%", no Princípio 2.)

A causa é principalmente genética. A existência de distúrbios em genes específicos responsáveis por construir e operar o cérebro aumenta o risco de ter TDAH em cerca de 70% dos casos. Há também causas ambientais, mas elas são responsáveis apenas por uma pequena porcentagem dos casos. Essas causas incluem ingestão exagerada de álcool pela mãe grávida, intoxicação por chumbo (em geral ao residir em casas pintadas com tinta que contém chumbo) em crianças pequenas, traumatismo craniano, ferimentos cerebrais diversos, infecções, tumores, AVCs e outros eventos que claramente afetam algumas redes no cérebro.

TDAH caracteriza-se quando alguém tem mais dificuldade do que outras pessoas com dois grupos de comportamentos: (1) persistir em suas metas ao mesmo tempo em que resiste a distrações e (2) inibir ações impulsivas. Por causa de padrões comuns no desenvolvimento do cérebro, todos nós temos alguma capacidade de prestar atenção, resistir a distrações, persistir em direção a nossos objetivos, lembrar do que pretendemos fazer enquanto estamos por fazê-lo, inibir ações motivadas por meros impulsos ou pelo primeiro pensamento que passar pela mente, inibir a agitação e restringir nosso nível de atividade para que ele seja adequado a situações específicas. Essas capacidades podem, portanto, ser consideradas traços humanos, e cada um de nós fica em um ponto de um espectro que vai de típico a atípico para cada traço. As pessoas com TDAH ficam no extremo atípico desses espectros: elas têm muito mais dificuldade do que as pessoas típicas em sustentar a atenção e a ação e tendem muito mais a serem hiperativas ou a terem dificuldade para controlar os impulsos. A capacidade de cada um nessas áreas aumenta com a idade, e a maioria das crianças chega a fazer essas coisas bem o suficiente para satisfazer às demandas e expectativas da maioria das situações de modo adequado a sua idade, graças ao desenvolvimento cerebral normal. Porém, as crianças com TDAH têm um atraso significativo nesse padrão de desenvolvimento. Quando elas desenvolvem muito pouco esses traços, de modo que apresentam sintomas de TDAH, experimentam as consequências negativas de funcionar sem eficiência em diversos domínios da vida, assim, esse problema se transforma em um transtorno psicológico.

O texto do boxe na próxima página descreve como é esse transtorno de desenvolvimento neurológico em uma criança específica. Pode ser que você ache a descrição familiar.

TDAH é um transtorno universal que afeta de 5 a 8% das crianças — cerca de 1 a cada 15 a 20. O TDAH afeta mais meninos do que meninas na infância, mas depois a divisão de gêneros se estreita: de três vezes mais meninos do que meninas na infância a duas vezes mais meninos na adolescência e apenas 1,5 vez mais homens adultos do que mulheres. O transtorno é encontrado em todos os grupos étnicos e classes sociais e tem sido identificado em todos os países que examinaram suas crianças. Esse achado confirma que o TDAH tem uma base biológica (desenvolvimento neurológico) e sua causa principal não são fatores sociais ou ambientais, como a cultura.

O fato de que esse transtorno é biológico naturalmente gerou muitos dos princípios deste livro, começando pelo Princípio 2, que nos incentiva a lembrar que o TDAH é um transtorno real, e continua nos quatro seguintes, todos focados em ajudar uma criança que nasceu com um problema que não pediu para ter. A natureza do desenvolvimento neurológico do TDAH também fundamenta os princípios práticos na segunda metade deste livro, que aborda os sintomas específicos do TDAH.

Como é o TDAH em uma criança

Niko tinha apenas 2 anos quando a mãe dele soube que havia problemas à frente para esse pequeno furacão. Ele nunca ficava parado por mais de alguns segundos e passava de um objeto para outro em casa. Era como se ele vivesse apenas para uma coisa: movimento. Em vez de andar, ele corria, tropeçava e pulava e simplesmente lançava seu corpo pela sala. Embora fosse uma criança feliz, e até um pouco boba na maior parte do tempo, à medida que crescia Niko também passou a ter ataques de fúria quando estava frustrado ou as coisas não saíam como ele queria. Impulsivo emocionalmente, Niko sempre mostrava como se sentia em relação às pessoas, pois as emoções dele estavam sempre à flor da pele. E ele podia ser exaustivo, enfiava-se em tudo que pudesse encontrar, abrir, desafivelar ou descobrir. Como resultado, sofreu três ferimentos graves (laceração com uma lata, envenenamento por fluidos embaixo da pia, traumatismo craniano ao pular de uma pedra no quintal) antes de completar 5 anos e vários outros depois.

Quanto Niko tinha 4 anos, Chris, a mãe dele, descobriu que ele não conseguia se aconchegar por muito tempo enquanto assistia à TV. As refeições eram um circo, pois Niko comia um pouco, corria pela cozinha, subia de novo na cadeira para comer mais um pouquinho e, depois, balançava a cadeira para trás, muitas vezes derrubando-a, além de engatinhar embaixo da mesa para brincar com o cachorro da família. A professora dele na Pré-Escola reclamava que quase sempre ela tinha de segurá-lo com uma das mãos enquanto supervisionava e ensinava as outras crianças. Ficar sentado quieto por mais de um ou dois minutos durante a hora da história ou a hora do "tapete" (ensino) era quase impossível. Para complicar ainda mais a situação, a professora relatou que ele "nunca parava de falar". Ele fazia comentários sobre todas as coisas, mas não ouvia nada, um problema que Chris tinha visto muitas vezes em casa. A professora dele até aconselhou Chris a deixar Niko repetir o ano e não começar o Jardim da Infância com as outras crianças, pois ele simplesmente não tinha os comportamentos escolares de prontidão que tornam as crianças disponíveis para aprender: sustentar a atenção, inibir atividades irrelevantes, lembrar e seguir instruções. Então Chris levou Niko ao pediatra para insistir que ele os encaminhasse a um especialista em comportamento e desenvolvimento infantil. Depois de um psicólogo passar várias horas avaliando Niko, Chris ficou sabendo o que havia de errado: TDAH.

OS SINTOMAS DO TDAH

Se seu filho tiver TDAH, você provavelmente verá muitos comportamentos todos os dias originados em dois conjuntos de sintomas altamente relacionados: problemas de atenção e problemas de inibição e hiperatividade. Ter muitos desses problemas e exibi-los frequentemente é importante para o diagnóstico: uma criança que apresenta apenas alguns desses problemas de vez em quando, ficaria mais próxima do extremo "típico" do espectro e não seria diagnosticada com TDAH. Para se qualificar para o diagnóstico, seu filho tem de apresentar esses problemas durante 6 meses, em duas ou mais áreas da vida, em um grau muito maior do que as outras crianças, e esses sintomas têm de estar causando problemas no funcionamento em atividades importantes da vida, como na escola, em casa ou no relacionamento com amigos.

Problemas de atenção

Estes são sintomas comuns de crianças com TDAH.

- Parecem não ouvir o que está sendo dito.
- Não terminam as tarefas atribuídas a elas.
- Perdem coisas, especialmente aquelas necessárias para concluir as tarefas.
- Não conseguem se concentrar tão bem quanto as outras crianças.
- Distraem-se facilmente.
- Têm problemas para trabalhar sem supervisão.
- Precisam de mais redirecionamento.
- Passam de uma atividade incompleta para outra.
- Não se lembram daquilo que lhes disseram para fazer em determinada situação.

Problemas de inibição

É claro que as crianças com TDAH também tendem a ter problemas com a impulsividade. Muitas vezes, elas:

- Interrompem ou invadem a fala dos outros ou aquilo que os outros estão fazendo.
- Falam demais, geralmente falam ou agem quando não é sua vez.
- Não pensam no que estão fazendo antes de fazer, agem depressa demais, por impulso.
- Têm dificuldade de esperar as coisas e adiar a autogratificação.
- Escolhem fazer coisas que oferecem gratificação ou recompensas imediatas, mesmo quando isso é inapropriado.
- Exibem emoções muito depressa, intensamente demais e com pouco esforço para moderá-las de modo que sejam mais apropriadas para a situação, em especial emoções negativas como impaciência, frustração, hostilidade, estado de espírito, raiva ou mesmo agressão quando provocadas.

> Pode partir seu coração observar seu filho lutando para conseguir controlar as emoções. Mesmo quando as emoções que sentem são perfeitamente normais em determinada situação, as crianças com TDAH costumam reagir mais depressa e mais intensamente do que outras crianças da mesma idade. Como resultado, acabam rejeitadas pelos colegas e eles passam a evitá-las.

- Não conseguem prever as consequências do comportamento arriscado e continuam em frente, a toda velocidade, sofrendo todo tipo de ferimentos acidentais mais frequentemente do que as outras crianças, sofrem mais ferimentos nos esportes e acabam indo para o Pronto Socorro pelo menos três vezes mais do que as outras e, em geral, com ferimentos mais graves.

Problemas de atividade excessiva ou "hiper"

O problema do nível de atividade excessiva, ou hiperatividade, está relacionado com a inibição. As crianças com TDAH comumente:

- Agem como se fossem impelidas por um motor, movimentando-se na sala ou no ambiente muito mais do que os outros, ficam quase constantemente em movimento.
- São agitadas, tamborilam e se "contorcem", movimentando braços e pernas enquanto tentam intensamente manter-se sentadas na cadeira quando lhes pedem para ficar quietas.
- Tocam as coisas e até mesmo os outros.
- Agem mais vigorosa e abruptamente do que os outros e se envolvem mais do que os outros em movimentos excessivos.
- Falam mais do que os outros, fazem mais sons vocais ou barulhos em geral do que os outros da mesma idade.
- Trepam nas coisas excessivamente quando são pequenas, correm em uma sala ou área de brinquedos mais do que os outros e se envolvem em todo tipo de brincadeiras para chamar atenção.
- Se envolvem em coisas, especialmente inapropriadas, mais do que as outras crianças e por isso precisam ser supervisionadas com muito mais frequência e mais de perto.

A gravidade dos sintomas pode depender da situação

Eu já disse que os sintomas de seu filho têm de aparecer frequentemente e pelo menos em duas áreas diferentes da vida (como em casa e na escola) para que ele seja diagnosticado com TDAH, mas isso não significa que esses sintomas serão igualmente graves em todos os ambientes. Os sintomas de TDAH podem piorar em ambientes ou tarefas como estes a seguir.

- São tediosos ou desinteressantes.
- Envolvem consequências significativamente adiadas ou *feedback* pouco frequente.
- Exigem trabalho individual, sem outras pessoas.
- Não são supervisionados.
- Envolvem grupos de crianças.
- São muito familiares (e por isso geralmente são menos interessantes).
- Envolvem os pais em vez de estranhos ou de adultos menos conhecidos.

- Incluem pais ou supervisores que falam e argumentam demais e raramente agem para controlar o mau comportamento.
- Exigem espera.
- Acontecem no final da tarde ou início da noite (devido à fadiga no autocontrole).
- Colocam restrições substanciais ao movimento (como trabalho sentado na carteira na sala de aula).

Você já deve ter notado que essas situações geralmente exigem autorregulação. E talvez você já tenha visto que os sintomas de seu filho costumam ser mais leves em situações que não exigem muita autorregulação: são situações que envolvem atividades divertidas; tarefas muito estimulantes ou interessantes (por exemplo, videogames, histórias em quadrinhos, filmes de animação); muito movimento (educação física, recreio, esportes); recompensas frequentes ou *feedback;* muita supervisão; trabalho em pequenos grupos com colegas em vez de independentemente; trabalho individual com um adulto; ambientes muito novos; supervisores que falam de modo breve, mas apoiam as regras com consequências; e pouca ou nenhuma pressão para esperar pelas coisas. Isso acontece porque esses tipos de situações não exigem muito das funções executivas de seu filho.

O EXECUTIVO NO CÉREBRO DE SEU FILHO

Os sintomas do TDAH descritos até aqui são na verdade apenas as características de superfície, as manifestações externas de um problema complexo subjacente no desenvolvimento psicológico. Esses sintomas surgem de um conjunto de capacidades mentais subjacentes ou funções cerebrais chamadas de **funções executivas**. Elas são chamadas de "executivas" porque organizam o resto do cérebro para realizar nossas metas e planos. As funções executivas realmente têm a ver com ser capaz de regular o próprio comportamento tendo em vista o futuro e realizar nossos objetivos. Não é de surpreender que as mesmas redes no cérebro estejam envolvidas no TDAH e no funcionamento executivo: as redes que nos permitem decidir focar, fazer um plano de jogo, permanecer em uma tarefa, nos movimentar para pensar de modo eficiente e escolher em que é importante prestar atenção e agir entre todos os estímulos concorrentes em qualquer ambiente.

A maioria dos neuropsicólogos acredita que essas redes (e outras) dão origem a pelo menos sete funções executivas que interagem para nos permitir controlar nosso próprio comportamento usando visão retrospectiva e previsão para antecipar o futuro e nos preparar para ele. Em sua maioria, essas funções ocorrem na parte frontal do cérebro, atrás da testa. Mas as redes em que estão envolvidas se estendem a muitas outras partes do cérebro. Os efeitos dos déficits das funções executivas envolvidas no TDAH também são de longo alcance. Você os verá em muitos aspectos do comportamento de seu filho, em muitas áreas da vida diária. Como um executivo em uma empresa, o executivo no cérebro contempla o futuro, desenvolve planos e determina o melhor modo de operar no momento para garantir sobrevivência atual *e* **posterior**, sucesso e bem-estar. Assim, uma criança com TDAH pode se comportar de modos que são prejudiciais para ela no momento (levantando-se impulsivamente de sua carteira na escola) e no futuro (ao não entender que o comportamento impulsivo na escola pode lhe causar problemas no futuro). Como você verá nas descrições a seguir, essas funções executivas não operam individualmente, mas juntas, aumentando ainda mais seu efeito sobre o modo que uma pessoa pensa, sente e age.

Essa parte frontal do cérebro é onde as metas são inventadas e os planos para alcançá-las são formulados. Ela também cuida para que o plano seja posto em ação, monitorado em relação ao progresso e adaptado conforme necessário para alcançar o objetivo. As funções executivas ajudam a criança a crescer para se tornar uma pessoa independente, autodeterminada, que faça planos e os coloque em prática. Sem essas funções, nós saltaríamos de um impulso a outro sem direção (ou com pouquíssima direção) em relação a qualquer meta que quiséssemos alcançar.

Função executiva 1: AUTOPERCEPÇÃO

O autocontrole começa com a percepção do que você pensa, diz e faz. Felizmente, muito do que fazemos é automático, resulta de padrões de comportamento bem aprendidos. Porém, em alguns momentos as prioridades mudam ou o inesperado acontece e é preciso desligar o piloto automático. Essa função executiva fundamental nos permite monitorar nossas ações para ver como estamos nos saindo em relação ao alcance de metas pessoais ou das que nos foram atribuídas por outras pessoas.

Crianças e adolescentes com TDAH são menos capazes de observar o que pensam, dizem, sentem e fazem e acabam operando no piloto automático mesmo quando surgem circunstâncias que exigem correção no curso. Eles não percebem tão bem quanto os colegas que o piloto automático não as está levando para onde precisam ir. Isso torna a criança com TDAH mais distraída e reativa aos eventos internos e externos, em vez de ser mais proativa, ponderada e deliberada. Como um carro sem motorista, ela passa pela vida batendo em *guardrails*, acelerando sem controle e ultrapassando os sinais e as placas de PARE da vida porque não presta muita atenção ao que está fazendo.

Em nosso mundo social, o autocontrole e a ação ponderada e deliberada são valorizados porque promovem melhores ações para nosso bem-estar no longo prazo e têm menos probabilidade de entrar em conflito com as dos outros. Sem autopercepção, uma criança tem dificuldade em ser ponderada ou deliberada. É por isso que seguir o Princípio 6 é útil. Quando você entende por que seu filho não é capaz de monitorar o que está fazendo tão bem quanto as outras crianças da mesma idade, cria o hábito de apoiar o desenvolvimento dessa função executiva atrasada.

Função executiva 2: INIBIÇÃO OU AUTOCONTROLE

Ações ponderadas e direcionadas ao alcance das metas também exigem que a criança iniba o impulso para continuar agindo sem pensar primeiro. A inibição e o autocontrole criam uma pausa importante entre o que acontece no ambiente e a resposta de seu filho. Essa pausa dá à criança tempo para pensar, e esse pensamento a torna proativa em vez de sempre reativa aos acontecimentos. Nesse pequeno espaço, seu filho pode escolher entre diversos cursos de ação para aumentar a probabilidade de que algo melhor aconteça mais tarde (seja recompensado ou evite um grave dano) — dali a 5 minutos, amanhã, na próxima semana, no próximo mês ou mesmo anos depois.

Uma pessoa que tem dificuldade para controlar os impulsos pode parecer irrefletida, descuidada, mal informada ou mesmo irracional ou, pelo menos, imatura aos olhos das pessoas que têm essa capacidade. Mas se souber que o problema se origina de uma capacidade atrasada para inibir impulsos, você pode ajudar seu filho a se concentrar quando necessário e a parar de se concentrar em uma coisa quando preciso. Os Princípios 6, 7 e 8 guiarão você para ajudar seu filho a criar a pausa necessária que leva a escolhas melhores. E porque essa inibição mal desenvolvida pode ser um problema específico quando você está fora de casa, o Princípio 12 é a regra a seguir para prever os problemas e se desviar deles.

Como você talvez saiba, as crianças com TDAH não só pulam de uma tarefa para outra; algumas vezes elas focam demais em alguma coisa que é divertida ou imediatamente gratificante em detrimento das tarefas que precisam fazer (na escola, por exemplo). Assim, a criança com TDAH fica brincando com o videogame desde que acordou de manhã em vez de se aprontar para a escola ou não conclui uma tarefa doméstica que concordou em fazer, como as tarefas domésticas do fim de semana. Ou a criança se recusa a sair do parque aquático onde está acontecendo uma festa de aniversário; ou fica maratonando uma série de TV empolgante em vez de começar a lição de casa. Ou ela fica nas redes sociais quando deveria estar se aprontando para o treino de futebol e acaba se atrasando. Os princípios mencionados aqui ajudam você em todas essas circunstâncias. O Princípio 6 o ajudará a ensinar seu filho a ser responsável em relação ao momento em que deve inibir seu comportamento.

Função executiva 3: MEMÓRIA DE TRABALHO

Todos nós temos um dispositivo semelhante a um GPS (uma rede) em nosso cérebro que nos permite evocar mapas do passado (visão retrospectiva) e usá-los para contemplar uma meta ou destino e, depois, buscar esse objetivo (previsão). Isso é chamado de memória de trabalho e, como o GPS, tem duas partes: uma que usa imagens (mapas) e outra que lhe diz verbalmente como chegar da maneira mais eficiente ao lugar em que você quer. Esses dois componentes da memória de trabalho interagem para nos ajudar a lembrar o que deveríamos estar fazendo e nos guiar até nossos objetivos. A memória de trabalho mantém informações (imagens e instruções) que vamos usar para nos guiar ao destino que desejamos, acompanhar nosso progresso e até mesmo sugerir rotas alternativas (solução de problemas) se encontrarmos obstáculos ao longo do caminho.

A memória de trabalho é diferente do armazenamento de informações no longo prazo. Basicamente, ela se refere a lembrar de fazer alguma coisa, e as pessoas com TDAH não estão necessariamente esquecendo as informações, mas esquecendo o que elas devem fazer nesse lugar e nesse momento. Imagine sua filha entrando no quarto para se arrumar para ir à escola. Ela vê o *tablet* sobre a cama, lembra-se de que ia mandar uma mensagem para um amigo sobre o lugar onde vão se encontrar fora da escola e faz isso. Ela se esquece de se vestir e, assim, 20 minutos depois, quando é a hora de sair de casa para pegar o ônibus, ainda está de pijama. Qualquer distração ou estímulo próximo, como o celular ou *tablet*, é muito mais poderoso para chamar a atenção dela do que sua memória da tarefa que ela deveria estar fazendo. As crianças com TDAH parecem ser governadas pelo ambiente que as cerca e não pelas ideias que têm ou pelas instruções que receberam sobre o que deveriam fazer.

Um modo em que esse esquecimento se apresenta é quando as crianças com TDAH não seguem as diretrizes, regras, promessas, instruções ou compromissos da maneira que os outros conseguem fazer. É claro que parte disso se deve à falta de atenção — elas não estavam ouvindo quando lhes disseram o que fazer —, mas em muitos casos a memória de trabalho é problemática: elas não conseguem ter em mente apenas as regras, instruções ou promessas com que deveriam agir. As representações mentais, como regras ou instruções, simplesmente não são fortes o bastante para guiar o comportamento nas pessoas com TDAH como são nas outras pessoas. É por isso que uma coisa que os pais e outros podem fazer para ajudar é **tornar essas regras e outras diretrizes concretas e visíveis** — veja o Princípio 9. Seu filho também precisará de mais lembretes do que fazer (e do que não fazer) do que as outras crianças, e esses lembretes devem envolver um toque mais gentil e recompensas tangíveis em vez de comandos verbais — veja o Princípio 7.

A aprendizagem na infância e na adolescência e também o funcionamento no mundo adulto depende da capacidade de manter em mente várias informações relacionadas para conectar os pontos usando a memória de trabalho. Desse modo, os déficits nessa função executiva podem prejudicar o desempenho escolar e, em última instância, o sucesso no local de trabalho. O Princípio 9 tem a ver com estimular a memória de trabalho, e você encontrará informações atualizadas e detalhadas sobre recursos acadêmicos na quarta edição de *Taking charge of ADHD*.

Função executiva 4: SENSO DE TEMPO E ADMINISTRAÇÃO DE TEMPO

As crianças e adolescentes com TDAH são essencialmente cegos para o tempo. Eles parecem não sentir a passagem do tempo, não sabem usá-la ao controlar seu próprio comportamento tão bem quanto os outros. Assim, eles não fazem as coisas a tempo, no tempo, no decorrer do tempo. Eles não conseguem se preparar para prazos, nem entender o tempo necessário para fazer as coisas nem de quanto tempo precisam para chegar a algum lugar ao qual precisem ir. Eles também parecem não ter ideia clara sobre o futuro, de modo geral. Portanto, eles não pensam nas consequências futuras de suas ações **antes** que aconteçam. Pensar sobre as consequências futuras exige tanto memória de trabalho, senso de passagem de tempo e ideia de um futuro provável. Esses itens representam a visão retrospectiva e a previsão, coisas que as crianças e adolescentes com TDAH não parecem usar muito quando decidem agir.

Tudo o que parece importar para as pessoas com TDAH é "o agora". Elas normalmente se atrasam para o trabalho, compromissos, prazos, aulas e reuniões. Geralmente, elas não mantêm os compromissos de tempo que fizeram com os outros, as tarefas escolares são entregues atrasadas ou não são entregues. A criança e, em especial, o adolescente com TDAH não está preparado quando os prazos chegam. Seu filho pode esperar até o último minuto quando o futuro chegou e, então, tentar fazer rapidamente o que deveria ter sido feito muito antes. Ele pode simplesmente não fazer o trabalho quando perceber que é tarde demais para concluí-lo.

Na figura a seguir, você pode ver como o senso de futuro de uma criança normalmente se expande conforme a criança amadurece. Mas a criança com TDAH ainda tem uma janela relativamente estreita de tempo e não consegue pensar tão à frente. Felizmente, você e outras pessoas podem ajudar seu filho a ver o horizonte mais distante. Veja o Princípio 8.

O desenvolvimento da previsão: uma janela emergente no tempo

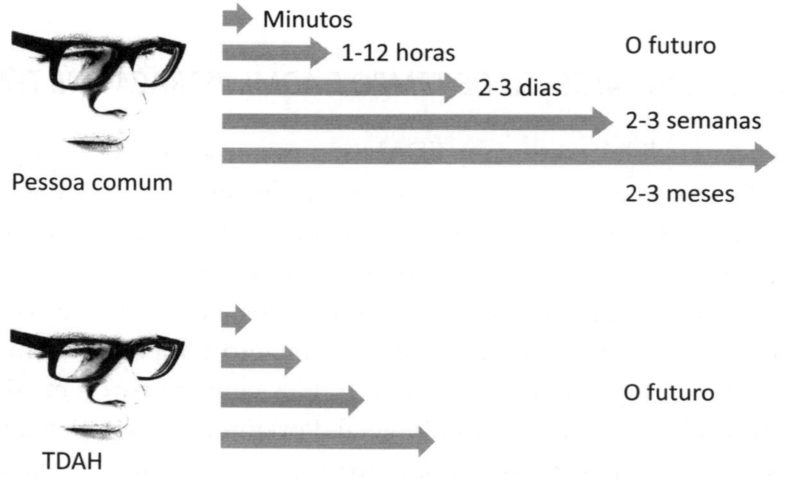

Função executiva 5: AUTOCONTROLE EMOCIONAL

A vida está cheia de acontecimentos frustrantes e que causam raiva, especialmente para uma criança. Esses acontecimentos podem provocar intensamente nossas emoções. Quando acontecimentos emocionalmente carregados ocorrem, as crianças com TDAH tendem a reagir rapidamente com emoções iniciais primárias, em vez de mostrar algum controle emocional. Elas não conseguem pensar mais cuidadosamente na situação, não moderam suas fortes emoções e não tentam substituí-las por uma reação emocional mais aceitável socialmente que seja boa no longo prazo. Em vez disso, crianças e adolescentes com TDAH parecem "ter emoções à flor da pele" para que todos vejam quando são provocados pelos acontecimentos ou pelas pessoas que os rodeiam.

Como observado anteriormente, as consequências podem ser difíceis de ver. Você sabe que seu filho não está sendo autocentrado, exigente nem intencionalmente agressivo. As outras pessoas não sabem disso e simplesmente evitam seu filho. Elas não sabem que crianças com TDAH não têm a memória de trabalho necessária para usar as imagens das experiências passadas positivas e o controle de impulso para falar consigo mesmas e se acalmar antes de reagir de modo inadequado. Mas agora você sabe e pode usar a orientação deste livro para quando as coisas ficarem agitadas, lembrar que seu filho tem um transtorno. Não é uma questão de "não fazer", mas de "não poder". Veja os Princípios 2, 3 e 4, que eu considero cruciais para estabelecer e manter a atitude compassiva, de apoio, mas com autoridade (não autoritária!) necessária para criar uma criança com TDAH e fazer de sua casa um santuário para toda a família.

Função executiva 6: AUTOMOTIVAÇÃO

Quando se deparam com trabalhos ou tarefas de rotina ou outras atividades tediosas, as crianças com TDAH muitas vezes não têm automotivação para fazer as coisas, em vez de buscar coisas mais interessantes, empolgantes ou recompensadoras para fazer. Muitas crianças com TDAH são aficionadas por sensações, procuram para fazer só o que lhes dê algum impulso de ativação ou diversão de curto prazo. Os adolescentes com TDAH são mais acelerados do que outros adolescentes e participam com mais frequência de atividades perigosas como esportes extremos (esqui de velocidade, *skydiving*, *snowboarding* radical, corridas de carro, uso de motocicletas ou corrida de motos etc.). Algumas vezes eles se concentram demais e podem até ficar viciados em videogames *on-line* com sensações fortes. Mesmo coisas que inicialmente são interessantes para eles podem perder o apelo com o tempo, e isso acontece muito mais depressa do que com outras pessoas. A vida deles é cheia de projetos pela metade que pareciam boas ideias na hora, mas perderam a atração muito rapidamente.

Ser cego para o tempo também pode interferir na motivação, pelo menos com objetivos de prazo mais longo. As crianças com TDAH não apreciam as consequências maiores, posteriores e mais importantes da vida tanto quanto as consequências menores e mais óbvias do momento. Por isso elas não vão se esforçar para trabalhar pelo tempo e com o esforço necessários para conseguir as recompensas que estão mais distantes no futuro. Sem outros incentivos para fazer isso, elas geralmente escolhem as gratificações imediatas em vez daquelas pelas quais têm de esperar. Sem outros apoios, as crianças com TDAH terão dificuldade de partilhar, cooperar, dar a vez e também retribuir os favores dos outros ou cumprir as promessas feitas às outras pessoas. Os Princípios 6 e 7 ajudarão você a aplicar esses apoios e até mesmo inventar novos que se adaptem às necessidades únicas de sua família.

Ser capaz de partilhar, cooperar e retribuir depende de nossas capacidades de autocontrole, autopercepção, previsão e adiamento de gratificação. Sem essas funções executivas, as crianças com TDAH não são motivadas a fazer coisas para os outros só porque parentes, amigos e, mais tarde, colegas de trabalho estarão mais propensos a fazer o mesmo para elas depois. As deficiências no sistema executivo do cérebro no TDAH podem nos ajudar a entender por que crianças com TDAH, ao amadurecer, podem ter mais problemas na família, no mundo social, escola e, depois, como adolescentes, ao dirigir, no trabalho e na vida financeira do que os outros. O Princípio 2 ajudará você a se lembrar que o TDAH é um transtorno.

Função executiva 7: AUTO-ORGANIZAÇÃO, PLANEJAMENTO E SOLUÇÃO DE PROBLEMAS

Por serem distraídas tão facilmente pelos acontecimentos que os rodeiam, por se entediarem mais facilmente e serem menos capazes de continuar a prestar atenção ao que planejaram fazer ou deveriam estar fazendo, as crianças e, em especial, os adolescentes com TDAH deixam um rastro de desorganização em sua esteira. Eles deixam as coisas onde foram usadas pela última vez em vez de colocá-las conscientemente de volta onde deveriam estar, como livros escolares e lição de casa na mochila, pendurar a bolsa ao lado da porta ou, no caso dos adolescentes mais velhos, as chaves do carro em um gancho. Muitas vezes, eles deixam pratos sujos e embalagens de comida por toda a casa, colocam dinheiro e outros objetos valiosos no lugar errado, como celulares, ou se esquecem de carregá-los, mesmo que encontrem o carregador. Quem tem TDAH não consegue sustentar suas ações na direção dos objetivos para que sejam concluídos e acabam enchendo armários e gavetas com muitos projetos inacabados.

Tudo isso cria uma vida bagunçada, atravancada e desorganizada em casa e na escola, mas o Princípio 10 pode ajudar.

A dificuldade de planejamento e solução de problemas está relacionada com esse problema de auto-organização. O planejamento e a solução de problemas envolvem a capacidade de gerar várias ideias ou opções para responder a um problema atual (um obstáculo a nossas metas) ou a um evento futuro iminente. É uma forma de criatividade. Envolve também pensar na melhor sequência das etapas que podemos escolher para alcançar uma meta. É um tipo de jogo mental que vem da capacidade de dividir e recombinar as informações na mente. E é muito mais difícil fazer isso se sua mente e sua vida forem mal organizadas, como é o caso da criança e do adolescente que se desenvolvem com TDAH.

As pessoas com TDAH simplesmente não planejam as coisas nem resolvem muito bem um problema. Consequentemente, nós os ouvimos reclamar que não só a vida, mas a mente deles é uma confusão, mal organizada, e eles são menos capazes de usá-la efetivamente para manter informações na memória de trabalho. Ouvimos adolescentes com TDAH reclamarem que não conseguem lidar com as informações rapidamente para planejar os cursos possíveis de ação ou para resolver os problemas e contornar os obstáculos tão bem quanto os outros. Essa deficiência tem um efeito adverso substancial em suas atividades sociais e educacionais – em especial aquelas em que a solução mental de problemas é tão essencial para o sucesso. Novamente, o Princípio 9 ajudará você a lidar com a memória de trabalho, e os Princípios 10 e 11 o ensinarão a apoiar os esforços de seu filho para planejar e resolver problemas de modo efetivo.

O TDAH é um dom?

Existe um lado positivo no TDAH? Alguns escritores têm representado o TDAH como um dom e continuam a fazer isso. Eles consideram que o transtorno traz vantagens – como a criatividade – que as pessoas sem o transtorno não têm. Agora que você leu informações sobre as raízes do desenvolvimento neurológico do TDAH, os sintomas e os problemas da função executiva que o TDAH provoca, pode achar que é um absurdo retratar esse transtorno como um dom. Eu acredito que retratar o TDAH como um tipo de vantagem é um erro. Em primeiro lugar, representa erroneamente os achados científicos, pois nenhum dos milhares de artigos científicos publicados sobre o TDAH descobriu que o transtorno confere alguma vantagem especial como talento, capacidade ou outro traço àqueles que o apresentam. Em segundo lugar, isso minimiza a gravidade do transtorno e também pode alimentar uma falsa esperança. E ainda pior, pode negar a ajuda necessária às crianças, pois "dons" não precisam de tratamento.

Se TDAH fosse algo tão bom de ter, por que a sociedade deveria fornecer adaptações e serviços na escola e na faculdade para quem a tem? Por que esse "dom" tornaria um adulto com TDAH qualificado para pagamentos de auxílio desemprego[1] ou incapacidade pela Seguridade Social? Por que as crianças com TDAH deveriam receber proteções especiais na escola contra discriminação (conforme a Seção 504 do Americans with Disabilities Act, a lei norte-americana para pessoas com deficiências)? Por que as seguradoras deveriam ajudar a pagar consultas a profissionais de saúde mental e tratamentos para TDAH? Você pode ver o problema aqui. O TDAH não pode ser ao mesmo tempo um dom e uma grave deficiência. Ele não pode ser algo louvável e, ao mesmo tempo, algo que merece compaixão e ajuda da sociedade. Seu filho merece compaixão e ajuda, e você também.

Nota. Adaptado e modificado de material similar do meu livro *When an adult you love has TDAH*. Washington, DC: APA Life Tools, 2016.

O QUE FAZER A RESPEITO DE TUDO ISSO?

Reconhecer esses déficits no funcionamento executivo ajuda você a entender por que o TDAH é um transtorno tão sério. Os déficits executivos subjacentes ao TDAH prejudicam a capacidade de o jovem tornar-se independente dos pais e das outras pessoas, de desenvolver autocontrole, autocuidado e autodeterminação. Essas capacidades são cruciais para o planejamento, a organização e a condução do comportamento no de-

1 N.T. – As regras de auxílio desemprego são diferentes em cada país. No Brasil, os trabalhadores têm direito ao seguro-desemprego por um tempo determinado quando perdem o emprego. Em alguns países, os trabalhadores têm direito ao auxílio desemprego por tempo indeterminado até conseguirem um novo emprego.

correr do tempo para alcançar objetivos (e tudo o mais) de modo a estar bem preparado para o futuro.

Este livro define princípios que ajudarão você a abordar ou, pelo menos, a se adaptar a esses déficits executivos. Em cada capítulo eu explico o problema essencial trabalhado e, depois, ofereço soluções especificamente criadas para o problema. Esses princípios não dizem apenas o que fazer ou como agir; como esta introdução, eles pretendem oferecer o "porquê" daquilo que precisa ser feito para ajudar seu filho a ser o mais independente e bem-sucedido possível. No decorrer de muitos anos de trabalho com pais e os filhos deles com TDAH, descobri que compreender mais profundamente o que é o problema e o motivo de um problema existir origina um *insight* muito maior sobre o que fazer do que simplesmente receber uma lista de instruções. Depois de conhecer as razões — os princípios por trás das soluções —, você pode inventar novos métodos para abordar os problemas que enfrenta. Afinal de contas, seu filho é único e sua vida também. Na minha experiência, ter princípios para guiar o que fazer em muitas situações futuras vai tornar você um pai/uma mãe mais efetivo/a do que simplesmente ter um livro de receitas para seguir sem saber por que precisa usá-las. Espero e acredito que este livro ajudará você a criar um filho saudável, feliz e bem-sucedido, mesmo com o desafio do TDAH.

PRINCÍPIO

1

USE AS CHAVES PARA O SUCESSO

Todos os pais querem que seus filhos se transformem em adultos bem-sucedidos. Cada pessoa define sucesso de um modo diferente, mas todos esperamos que nossos filhos se tornem independentes, responsáveis, automotivados e felizes. A questão, quando há TDAH, é como levá-los a alcançar essa meta. Como você acabou de ler na ***Introdução***, o TDAH inclui desafios que, algumas vezes, pode fazer com que alcançar o sucesso pareça um pouco difícil para seu filho. A impulsividade, a falta de atenção, a desorganização, o controle emocional deficiente e outros efeitos do déficit da função executiva dificultam que ele faça boas escolhas na atualidade e faça planos para um bom futuro, seja daqui a 10 minutos ou daqui a 10 anos. Como ele vai contornar esses desafios?

> O PROBLEMA: É muito difícil prever resultados precisos para crianças com TDAH, mas a ausência de fatores cruciais torna muito mais difícil que elas se tornem adultos bem-sucedidos.

Estudos de acompanhamento de crianças com TDAH até a idade adulta sugerem, em alguma medida, que os melhores resultados estão relacionados a:

- mais inteligência;
- mais educação;
- sintomas mais leves de TDAH;
- ausência de qualquer outro transtorno psicológico;

- melhores circunstâncias socioeconômicas da família;
- ter pai e mãe (ou duas pessoas como responsáveis) em casa;
- morar em bairros melhores;
- ter mais amigos na infância.

Ao ler essa lista você certamente pensará que esses fatores são bons para todas as crianças enquanto se desenvolvem, e está certo. E apesar de terem sido preditores fracos de resultados positivos para quem tem TDAH e certamente não foram as chaves do sucesso para todos, representam benefícios para seu filho. Mas nas minhas décadas de experiência com famílias, descobri que ter pais defensores ativos dos filhos, que reconhecem que os filhos têm um transtorno e precisam de apoio extra, e se concentram ativamente nos pontos fortes dos filhos é um benefício imenso e mais importante.

O TDAH não é um dom. De modo geral, ele não confere nenhum benefício, bênção, talento incomum nem traços superiores. Ele pode levar à expectativa de vida mais curta em até 12 anos se não for tratado na vida adulta, devido às tendências para saúde ruim, dieta, sono, exercício e uso excessivo de tabaco e álcool. Pode tornar-se um transtorno sério e ameaçar a vida: se não for cuidado, pode dobrar o risco de morte precoce na infância e mais do que quadruplicá-lo na idade adulta. No entanto, os sintomas interagem com talentos ou dons do indivíduo como alta inteligência, uma família ou um ambiente social que o apoiem, tratamento e recursos especiais para promover o sucesso.

Existem certamente histórias de sucesso entre adultos com TDAH. Muitas delas, infelizmente, tendem a focar apenas em um aspecto da vida, como uma vocação em que a pessoa é muito bem-sucedida. Essas histórias costumam ignorar os outros domínios em que têm dificuldades, por exemplo: vida social, finanças, aspectos legais, relacionamentos íntimos e uso de substâncias. Por outro lado, um exame mais próximo desses adultos bem-sucedidos muitas vezes revela que estão se saindo bem porque são rodeados de pessoas que os ajudaram, em especial, os pais. Na verdade, passei a acreditar que o papel das pessoas queridas é absolutamente crucial para o sucesso das crianças com TDAH.

Um exemplo notável de como esse tipo de apoio e dedicação é importante vem do nadador olímpico Michael Phelps, cuja mãe e irmãs o ajudaram a:

- canalizar energias;
- concentrar-se e desenvolver seu talento atlético;
- encontrar recursos na área para que pudesse desenvolver melhor seus dons atléticos;
- proteger-se das dificuldades na escola e fornecer auxílio escolar mais individualizado;
- apoiá-lo financeira e emocionalmente;
- mantê-lo tão envolvido e organizado que simplesmente havia pouco ou nenhum tempo para que se envolvesse em problemas na maioria dos dias.

Sem dúvida foi muito bom para Michael que sua mãe fosse assistente de diretoria escolar e tivesse ensinado por várias décadas. Assim, quando ele não ia muito bem, ela trabalhava com ele, além de conseguir mais atenção na escola para lidar com seus problemas graves de concentração. Ela também contratou um professor particular de Matemática quando Michael teve dificuldades, usou exemplos de esportes para ajudá-lo a aprender a resolver problemas de Matemática e conseguiu um arranjo para que ele se sentasse separado quando começou a incomodar as outras crianças. Ela desenvolveu também estratégias de "pistas" para ajudá-lo a controlar as emoções, especialmente seu temperamento, quando ele não se saía bem em competições de natação. Em geral, ela aconselha os pais a trabalharem como uma equipe com suas crianças e adolescentes com TDAH para ajudá-los a enfrentar as dificuldades ao lidar com desafios do trabalho e de outros setores da vida.

Michael tem sido muito claro a respeito da importância de sua família, em especial sua mãe, para o sucesso dele. Ele expressa repetida e publicamente gratidão à mãe, às irmãs e ao técnico pelo envolvimento deles em seu sucesso. Michael é um exemplo de que as pessoas queridas ao redor de quem tem TDAH claramente podem exercer influência construtiva.

Michael Phelps é apenas um exemplo de milhares de outras crianças e adultos com TDAH, que podem não ter alcançado o mesmo nível de sucesso (ainda!), mas certamente estão progredindo.

Veja o caso de Phillip, cujos pais procuraram minha ajuda quando ele estava para ser expulso do terceiro ano em uma escola administrada por uma instituição religiosa do bairro por causa de sua incapacidade crônica de se concentrar nos trabalhos, de parar de agir como o palhaço da turma e de se sentar quieto durante palestras dos professores e das freiras que administravam a escola. Foi a devoção dos pais ao filho e a dedicação deles em descobrir o que o ajudaria a ter sucesso que colocaram Phillip no caminho do melhor funcionamento. Depois de experimentar diversas medicações, determinamos que um medicamento não estimulante (nome comercial: Strattera; nome genérico: atomoxetina) era melhor para ele considerando os efeitos colaterais que experimentava com os medicamentos estimulantes tradicionais para TDAH. A isso, acrescentamos um cartão de relato de comportamento diário (mostrarei mais adiante neste livro) ligado a um programa de recompensa em casa, junto com aulas individuais duas vezes por semana com um professor aposentado de educação especial que trabalhava meio período como professor particular. Essas intervenções foram suficientes para que esse menino inteligente terminasse o Ensino Fundamental, frequentasse depois o Ensino Médio e o preparatório para a faculdade local e entrasse para a Universidade Auburn, onde se formou em Biologia. Atualmente, ele viaja pela região norte-americana do Médio Atlântico como especialista em águas na agência regional de proteção ambiental testando diversos lagos, rios, reservatórios e outros recursos de água quanto à qualidade ambiental.

A menina Pearl também teve pais que tentaram todas as opções disponíveis para que ela superasse as notas baixas na escola e a tendência incessante de socializar com outros adolescentes nos momentos em que deveria estar fazendo as tarefas escolares, estudando ou prestando atenção no que os professores falam durante a aula. Os pais de Pearl a levaram a nossa clínica de TDAH, e ela respondeu bem à medicação estimulante de TDAH que prescrevemos, junto com o auxílio educacional especial e ajustes na escola para os déficits de escrita à mão e de organização. Mesmo então era uma aluna mediana, mas terminou o Ensino Médio, fez uma série de cursos na faculdade comunitária em planejamento de eventos e agora trabalha na área de vendas de uma grande empresa de planejamento de eventos que organiza conferências de negócios. O talento dela para interagir com os outros, seu entusiasmo pelo trabalho, o desejo de viajar e seu dom para iniciar conversas com todas as pessoas que encontra se combinaram para torná-la a pessoa ideal de vendas para essa empresa. Foram os pais dela que nos ajudaram a ver os pontos fortes de Pearl. No entanto, ela também atribui parte de seu sucesso na carreira a ter conseguido que a empresa contratasse um assistente administrativo que é muito organizado, mas recluso socialmente, e fica feliz por trabalhar em um cubículo no escritório da empresa cuidando da papelada e da programação necessária para acompanhar os contratos de vendas que ela obtém.

E tem a história da Daleena que, como a maioria das crianças com TDAH, estava indo mal na escola e perturbava muito a vida da família em casa quando não conseguia o que queria, com muita frequência. Os pais assistiram ao nosso treinamento de gerenciamento de comportamentos e conseguiram acalmar essa tendência da filha para o comportamento de oposição. Em vez usar medicamentos, optaram por matricular a filha em uma pequena escola particular próxima especializada em crianças com problemas de aprendizagem e de atenção e com uma proporção muito mais baixa de estudantes por professor. Conforme crescia, Daleena demonstrou fascinação por programas que dramatizavam crimes na TV e adorava a natureza da solução de problemas do trabalho que observava. Os pais a incentivaram a se inscrever em um programa médico da faculdade comunitária para técnicos de laboratório durante o qual ela também estagiou no laboratório de patologia do hospital local. Ali ela encontrou pessoas que a ajudaram a explorar seus talentos para trabalhar no laboratório de polícia da cidade fazendo testes de laboratório e algum trabalho de campo necessário para reunir evidências que apoiavam as investigações da polícia.

Essas pessoas com TDAH teriam chegado onde estão hoje sem a atenção e o apoio dos pais? Eu duvido. Tenho visto muitos exemplos de crianças que florescem quando os pais buscam o melhor tratamento e adaptações para seus filhos, além de ajudar os profissionais que trabalham com os filhos a reconhecer e aproveitar os pontos fortes das crianças. **A maioria das crianças e adolescentes com TDAH com quem trabalhei só precisava da personalização correta de um pacote de tratamento com medicação, apoio educacional, caminhos educacionais alternativos, treinamento dos pais no gerenciamento do comportamento da criança, apoio familiar e cultivo**

dos talentos para se tornarem adultos independentes. As histórias deles mostram que os pais precisam perseverar e pensar criativamente.

A SOLUÇÃO: **Quatro chaves para o sucesso.**

Foi quando examinei mais de perto o papel das pessoas queridas, especialmente dos pais, na vida das crianças com TDAH, que desenvolvi os 12 princípios deste livro – essa análise me levou diretamente a eles. E também me ajudou a identificar quatro chaves para o sucesso que funcionam como a base dos princípios, veja a seguir.

- Obter avaliação, diagnóstico e tratamento profissionais.

+

- Identificar e promover talentos e aptidões especiais.

+

- Encontrar recursos na comunidade para desenvolvê-los mais.

+

- Acreditar em seu filho com TDAH, aceitá-lo e apoiá-lo.

Chave 1: Tenha certeza de que seu filho foi avaliado, diagnosticado e tratado profissionalmente

O TDAH pode ser tratado efetivamente. E a pessoa com TDAH terá muito mais probabilidade de ser bem-sucedido na vida com a ajuda desse tratamento. O primeiro passo para garantir o sucesso de seu filho é conseguir uma avaliação profissional completa para que os tratamentos adequados sejam iniciados, seja com medicamentos aprovados pela Anvisa, no Brasil, ou pelo FDA, nos Estados Unidos, ou com outros tratamentos fundamentados em evidências para gerenciar o TDAH – desde métodos de gerenciamento de comportamento na sala de aula até serviços educacionais especiais e programas comportamentais de treinamento de pais. Os resultados ótimos são normalmente obtidos com uma combinação de abordagens em vez de tratamentos isolados. Implementar os princípios deste livro também ajudará muito o sucesso de seu filho. (Veja na quarta edição de *Taking charge of ADHD* detalhes sobre diagnóstico e tratamento, gerenciamento de comportamentos na escola e em casa, além de ajustes na escola. Os fundamentos dos métodos de gerenciamento de comportamento também são abordados.)

Os benefícios do tratamento adequado já foram resumidos pelo artista e astro de TV Ty Pennington, cuja tendência a destruir coisas e reconstruí-las quando era criança evoluíram até um programa de televisão popular, *Extreme Makeover: Home Edition*. "Agora [...] eu posso realmente completar as tarefas. Posso realmente terminar uma frase e concluir os projetos que tenho em minha lista de coisas a fazer. Quando comecei a tomar medicamentos de uso contínuo como Vyvanse, imediatamente, bam!, foi como se alguém me desse óculos e, de repente, eu pudesse ver, não só o que não podia ver antes, mas os erros que cometi e como poderia corrigi-los." Ele acrescentou, a respeito de seu sucesso na escola de arte: "Minhas notas foram de D para A. Em vez de iniciar um projeto, eu estava *terminando* três e podia mostrar como era talentoso".

Ty Pennington é uma dentre muitas pessoas com TDAH que encontraram uma carreira que aproveita seus pontos fortes e preferências. Porém, em praticamente todos os casos, eles nunca teriam alcançado o sucesso sem tratamento adequado quando crianças e adolescentes. Quando era adolescente, Marilana, outra pessoa com TDHA, adorava as idas em família a feiras de usados, vendas de garagem e feiras de antiguidades. Ela desenvolveu interesse por brinquedos, livros e utensílios domésticos de décadas passadas e mostrou ter bom olhar para itens com valor que podiam ser vendidos com lucro. Apesar desse talento, Marilana sempre teve dificuldades na escola, mesmo com muita inteligência. Na verdade, o QI dela era parte do problema, pois a escola recusou-se a lhe dar ajustes de educação especial e auxílios, acreditando que era apenas uma aluna entediada, problemática, mas talentosa, e não alguém com TDAH. Depois de muita discussão, os pais dela e eu concordamos que Marilana experimentasse medicamentos para TDAH, mas, ainda mais importante, em transferi-la para uma escola particular especializada em deficiências de aprendizagem e em TDAH. Marilana passou quatro anos bem-sucedidos nessa escola especial e depois foi para uma pequena universidade próxima cursar Belas-Artes. Agora ela trabalha como sócia em uma loja de livros raros, viaja pelo mundo em busca de raridades e encontra clientes potenciais para os livros que consegue garimpar. Essa história é outro exemplo de como a persistência dos pais proporcionou a ajuda que sua filha realmente precisava apesar das dúvidas do sistema escolar.

A maioria das escolas faz o melhor que pode para seus alunos. Porém o TDAH representa desafios, especialmente quando os recursos são limitados. Na história de Levon, seus pais não sabiam onde buscar ajuda quando os administradores e professores da escola rural que ele frequentava decidiram que os problemas dele com atenção e conclusão das tarefas escolares ocorriam por falta de disciplina dos pais e não por uma condição de desenvolvimento. Quando eles trouxeram Levon para ser avaliado por mim e eu o diagnostiquei com TDAH, decidimos juntos experimentar medicação. O tratamento teve sucesso razoável, mas Levon poderia ter se beneficiado com ajustes e apoio também na escola. Bem depressa ficou evidente de que isso não seria possível, porque a escola preferia usar seus escassos recursos para educação especial com estudantes claramente com deficiências físicas e intelectuais em vez de com crianças com problemas de comportamento ou aprendizagem. Ficou claro que ajudar Levon nesse sistema escolar seria difícil, mas eu incentivei os pais a aceitar o fato de que nosso objetivo limitado era fazer com que seu filho passasse pela escola com os meios possíveis, mesmo se isso significasse ter notas medíocres. Com o apoio dedicado de seus pais e a ajuda que recebeu dos medicamentos, Levon conseguiu ser aprovado e hoje atua em um trabalho que ama. Quando criança, Levon adorava explorar áreas naturais e teve muitas oportunidades de perambular por florestas, rios, lagoas e lagos da região. Ele se sentia mais feliz quando estava vagando livremente ao ar livre. Depois cursou uma faculdade técnica e não só se saiu muito bem em Matemática, mas desfrutou a exploração e o mapeamento do terreno da região atuando em sua profissão. Embora tenha se formado no Ensino Médio apenas com média C, ele agora é sócio de uma pequena empresa de pesquisas e é um adulto independente. Mais uma vez, muita gratidão é devida a seus pais, que travaram uma batalha constante contra as visões conservadoras e antigas sobre o transtorno do TDAH no qual estavam imersos.

Chave 2: Identifique os talentos e aptidões de seu filho

Como demonstram essas histórias reais, a chave para o sucesso de muitos indivíduos com TDAH é identificar uma aptidão ou talento em que a criança também tem interesse intenso. Como os déficits de habilidade executiva muitas vezes ficam no meio dos caminhos de carreira mais óbvios, normalmente esse interesse é em uma área não tradicional ou não convencional. Portanto, os pais precisam ser espertos para conhecer a singularidade do filho.

Os atletas são um exemplo especialmente bom, embora esteja longe de ser o único, como podemos ver no caso de Michael Phelps. Ele parece ter herdado parte de seu talento atlético, mas as pessoas com TDAH também podem tender a funcionar efetivamente (a ter menos dificuldades) em Educação Física ou nos esportes do que em outras áreas da educação. Isso é conhecido na psicologia como "escolher um nicho", e todos nós fazemos isso. No decorrer do tempo, aprendemos em quais áreas tendemos a ter sucesso ou fracassar considerando nossos pontos fortes, pontos fracos e interesses. Assim, continuamos selecionando as atividades em que obtemos resultados bons ou excelentes e evitamos atividades nas quais não temos talento nem histórico de sucesso e provavelmente tivemos alguma experiência de fracasso.

As atividades que envolvem atividade física são duplamente benéficas para crianças com TDAH porque a rotina as ajuda a gerenciar e reduzir seus sintomas e combate o risco de obesidade. Pode ser por isso que há uma lista tão longa de atletas de sucesso com TDAH, veja o quadro.

Atletas bem-sucedidos com TDAH (entre muitos outros)

Golfistas Bubba Watson e o falecido Payne Stewart
Ginastas Louis Smith e Simone Biles
Judoca Ashley McKenzie
Astro do futebol e comentarista Terry Bradshaw
Jogadores de futebol Andre Brown e Virgil Green
Astros do beisebol Shane Victorino, Andrés Torres e Pete Rose
Astro do atletismo Justin Gatlin
Jogador de hóquei Cammi Granato
Remador competitivo Adam Kreek
Jogadores profissionais de basquete Michael Jordan e Chris Kaman
Decatleta olímpico Bruce (agora Caitlyn) Jenner
Ciclista e vencedor do Tour de France Greg LeMond
Lutador profissional Matt Morgan

Escolha de nicho

Talvez você já tenha uma ideia de em que seu filho com TDAH se destaca. Aqui está uma lista de perguntas a considerar para identificar o foco para o sucesso:

- Quais são os pontos fortes de seu filho?
- Quais são os interesses inerentes dele?
- Além de qualquer talento acadêmico, seu filho é bom em...
  - música;
  - artes visuais;
  - artes cênicas;
  - fotografia ou videografia;
  - tecnologia;
  - mecânica;
  - culinária;
  - atividades de recreação ao ar livre;
  - esportes;
  - alguma profissão ligada a negócios;
  - vendas ou capacidade de persuasão;
  - empreendedorismo ou trabalho autônomo.

Os pais muitas vezes ficam surpresos ao descobrir um talento desconhecido no filho que eles podem canalizar para um verdadeiro ponto forte. Assim, mantenha a mente aberta em relação às aptidões incomuns de seu filho que você nunca pensou fossem úteis para uma vocação de sucesso. Mas tenha em mente que isso não tem de ser algo que o transformará em um atleta de elite, um artista virtuoso ou um homem de negócios de sucesso. Pode ser qualquer interesse pequeno ou ponto forte no qual ele canalize energia. Descubra qual é o interesse ou o talento de seu filho, depois use a próxima chave para o sucesso para ajudá-lo a florescer.

Como exemplos, nos meus anos de prática clínica cuidei de muitos casos e relato alguns deles a seguir.

- Um menino consertava motores elétricos dos carros de controle por rádio de outras crianças; foi para a escola técnica para aprender a ser eletricista e depois abriu sua própria pequena empresa de reparo de máquinas.

- Uma menina adorava tirar fotos, primeiro com uma câmera digital, depois, com o celular, cujo olhar para detalhes, ângulos e significado em suas fotos lhe renderam prêmios em concursos locais e regionais de fotografia, apesar do fato de que mal conseguia notas para ser aprovada na escola. Ela acabou se formando, apesar de demorar um ano a mais que os colegas, e agora tem seu próprio negócio especializado em tirar fotos e gravar vídeos em casamentos nos Estados Unidos e na Europa.
- Um menino refez a instalação elétrica de seu quarto para ligar não só a lâmpada, mas o aparelho de som, um fio de luzes em formato de pimentas pendurado ao redor do quarto e a televisão. Ele foi para uma escola de engenharia e conseguiu um bom emprego na empresa regional de eletricidade.
- Um adolescente sempre explorava a natureza ao redor de sua casa, em busca de vários insetos e seus ninhos. Ele conseguiu se formar em Ciências Ambientais e agora é sócio de uma empresa de extermínio de insetos local.
- Uma menina rabiscava pinturas tão incrivelmente realistas que foi incentivada pela professora a estudar Arte e agora tem seu próprio estúdio no bairro de artistas de uma cidade do sul.
- Um garoto com TDAH e dislexia abandonou o Ensino Médio, tornou-se assistente a bordo de um barco de pesca e, em seu tempo de folga, faz esboços com aquarela de peixes, barcos e homens que trabalham nos barcos. Essas pinturas chamaram a atenção do editor de uma revista de pesca que as usou em capas da revista, lançando assim a carreira dele como pintor da natureza – e ele foi muito bem-sucedido em uma cidade litorânea.
- Uma menina cuja voz quando criança era tão bela e madura que os pais investiram em lições de canto para ela com um professor local que a levou para cantar em restaurantes locais quando criança. Estudou canto em uma pequena faculdade de Artes e agora trabalha como cantora *backup* em um estúdio de gravação de Los Angeles.
- Uma menina obcecada com esportes e talentosa em diversos deles quando criança, mas tinha pouco interesse na escola. Estudou

Educação Física em uma pequena universidade do Meio-Oeste e agora ensina Educação Física em uma escola de Ensino Médio.

- Uma garota preferia cozinhar em vez de fazer as tarefas escolares quando adolescente, estudou Gastronomia e agora tem um *site* de sucesso e um *blog* sobre cozinha, no qual posta receitas que compila em livros de receitas bem-sucedidos de nicho.
- Um menino era muito alto para sua idade e quando adolescente foi convidado a experimentar o rúgbi. Apaixonou-se pelo esporte e agora é técnico de um time masculino de rúgbi que está em turnê pelo Reino Unido.
- Um menino construía estruturas no quintal com pedaços de madeira e metal que encontrava pelo bairro. Depois fez treinamentos em carpintaria e solda em uma faculdade técnica e agora é dono de uma pequena empresa que constrói minicasas e converte contêineres para pessoas que querem uma segunda casa em terrenos nas montanhas do oeste dos Estados Unidos.
- Uma menina cujo amor pela música gravada se transformou em fascínio pelo modo que os instrumentos e as vozes eram combinados para criar suas canções favoritas. Quando adolescente tornou-se aprendiz em uma empresa de aluguel de produção de som que posteriormente a contratou para montar equipamentos para diversos músicos famosos que se apresentaram na cidade onde se situava a universidade que ela cursava no Texas.

Há inúmeros relatos de crianças com TDAH com aptidões e interesses não tradicionais cujos pais as ajudaram a ampliar e expandir esses talentos em carreiras gratificantes. Seu filho tem uma aptidão ou interesse que você pode ajudar a cultivar? Talvez ele se sinta inspirado pelo sucesso das pessoas listadas no quadro de celebridades com TDAH.

Chave 3: Encontre recursos locais que ajudem a desenvolver esse talento

Quer seu filho tenha um dom real em uma área de interesse específica ou simples paixão por alguma atividade, o sucesso depende em boa parte do apoio dos pais, mas não apenas disso. Apenas ser bom ou interessado em alguma coisa não é suficiente se a atividade não for promovida por meio de prática, instrução especializada e mais prática. Felizmente, há muitas maneiras de identificar e, depois, abrir as diversas portas para aumentar as oportunidades de que seu filho tenha sucesso e ampliar ainda mais seus talentos e aptidões inerentes. Comece a procurar no bairro ou em locais mais distantes recursos que ajudem a desenvolver os talentos nativos de seu filho, veja algumas sugestões aqui.

- Clubes: escoteiros, desbravadores e clubes voltados para hobbies podem ser encontrados na maioria dos bairros.
- Mentores: peça orientação ao conselheiro educacional da escola ou aproxime-se de alguém que tenha domínio na área de interesse de seu filho.
- Técnicos: escolas, academias, liga infantil e similares são fontes possíveis de técnicos que podem trabalhar com seu filho se o esporte for um dos interesses dele.
- Tutores: as escolas oferecem reforço escolar e indicações de professores particulares, e na maioria dos bairros há organizações pagas e voluntárias que oferecem reforço escolar.
- Lojas de varejo que oferecem aulas: tudo, desde tricô a mergulho, pode estar disponível.

Outras celebridades com TDAH

Seu filho (e você) se sentirão inspirados ao saber que muitas celebridades têm TDAH:

- o chef Jamie Oliver;
- a bailarina Karina Smirnoff (Dancing with the Stars);
- o ator Will Smith;
- o humorista/ator/artista Jim Carrey;
- a socialite/herdeira/estrela de reality da TV Paris Hilton;
- o ator Christopher Knight (The Brady Bunch);
- o apresentador de rádio/TV e comentarista Glenn Beck;
- o humorista/apresentador de TV Howie Mandel;
- o consultor e comentarista político James Carville;
- a estrela de TV Michelle Rodriguez (da série Lost);

- o ator/diretor/escritor Ryan Gosling;
- o ator Woody Harrelson;
- a atriz Mariette Hartley;
- a cantora/performer Britney Spears;
- o cantor/produtor will.i.am;
- a cantora Solange Knowles (que é também a irmã mais nova de Beyoncé).

- Instalações atléticas: pense na ACM (Associação Cristã de Moços), em clubes de meninos e meninas, e em instalações de parques públicos.
- Conselhos de Arte: nos Estados Unidos, a maioria dos bairros tem um.
- Escolas de Ensino Médio e faculdades técnicas vocacionais.
- Planos de aprendizagem em empresas locais (Menor Aprendiz ou similar).

Não hesite em aproveitar qualquer ajuda a mais disponível para promover o sucesso também na escola. Embora eu não desconsidere essa área de talento, pois ela não combina com muitas crianças com TDAH, pode combinar com algumas delas. Você se lembra de Levon, cujo caso foi descrito neste capítulo? Depois de ingressar em uma escola técnica para aprender supervisão, ele melhorou quando a matéria foi relacionada à Matemática, por ter ávido interesse por essa área na escola. Portanto, é preciso dar apoio para melhoria e também em outros caminhos não tradicionais para o sucesso.

Chave 4: Seja uma rede de segurança, defensor incondicional e sistema de apoio para seu filho

É mais fácil falar do que fazer? É uma afirmação presunçosa quando ***é claro*** que esse é o papel que você está tentando exercer na vida do seu filho? Talvez você tenha tido essas duas reações ao ler a Chave 4. Todos nós queremos fazer o melhor para nossos filhos e às vezes ficamos aquém do desejado, especialmente quando o TDAH torna o desafio maior. No entanto, eu enfatizo esse ponto porque algumas vezes amigos, parentes, educadores ou mesmo profissionais nos aconselham a ir contra os instintos paternos e usar a abordagem de "amor firme" diante do comportamento algumas vezes difícil de adolescentes ou jovens com TDAH. Essa abordagem aconselha expulsá-los de casa e abandoná-los também de outras formas, como se isso de algum modo os fizesse "acordar e pegar no tranco" e comportar-se como adolescentes típicos. Essa é uma estratégia **fracassada** ao lidar com adolescentes que têm um transtorno de desenvolvimento neurológico como o TDAH. Ser duro com eles não altera as limitações neurológicas subjacentes que dão origem às dificuldades de autorregulação que apresentam. E você sabe, no fundo do coração, que é errado abandonar pessoas com deficiências só porque não agem do mesmo modo que os outros. Saiba que o propósito deste livro é ajudar você a desempenhar esse papel de apoiador/defensor todos os dias, usando os 12 princípios para guiá-lo ao criar seu filho.

Eu sei que isso é muito importante porque em praticamente todos os exemplos de sucesso de crianças com TDAH que conheci – muitos dos quais acompanhei até a idade adulta – o segredo para seu ajuste saudável e sucesso foi o fato de que eles tiveram pelo menos um dos pais ou outro ente querido que nunca desistiu deles. Essa pessoa sempre esteve a seu lado e nunca deixou de acreditar em termos de **aceitar o filho como ele era e não exigir que fosse como os outros desejavam.** Algumas vezes, as crianças com TDAH só precisam de alguém **ao lado delas** e não exigindo comportamento convencional de obediência, autoridade, retidão ou decoro. Essa pessoa também deve estar aberta aos caminhos não tradicionais e não convencionais para o sucesso exemplificados anteriormente. Sem dúvida, você já é essa pessoa. Esse livro pretende ajudar você a permanecer nesse papel.

Na minha experiência, o pai ou outro parente/responsável de uma criança ou jovem com TDAH que alcançou sucesso forneceu um sistema de apoio e não apenas apoio financeiro. Mais importante do que tudo foi (e é) o sistema de apoio ou "conta" emocional criada com a criança, na qual o pai ou a mãe faz "depósitos" de afeto, aprovação, respeito, incentivo e outros sinais de amor e apoio (nas palavras de Stephen Covey, autor de *Os 7 hábitos das pessoas altamente eficazes*). Para citar um advogado de divórcio descrevendo o que ele achava que fazia os casamentos terem sucesso ou fracassarem: **Amor é um verbo!** Você tem de usá-lo frequentemente para ter amor e receber amor dos outros. Gentilezas diárias se somam para criar relacionamentos próximos e fortes. Fazer depósitos diários na conta emocional de seu filho resulta em uma boa "poupança" para ajudar a manter seu relacionamento quando você precisar fazer retiradas (críticas construtivas etc.). Esses créditos de amor e gentilezas aumentam a probabilidade de que seu filho ouça seus conselhos.

PRINCÍPIO

2

LEMBRE-SE DE QUE É UM TRANSTORNO!

Tão importante quanto focar no sucesso de seu filho (Princípio 1) é lembrar-se de que **vocês estão lidando com um transtorno real**. Ter certeza de que é um transtorno dá o impulso que você precisa para apoiar positivamente seu filho de modo prático e emocional com compaixão, aceitação e perdão. E assim você pode ajustar suas expectativas, reduzir o conflito familiar e estimular o potencial máximo da criança.

O PROBLEMA: A criança com TDAH parece tão típica ou normal quanto qualquer outra criança, então é fácil esquecer que ela tem um transtorno ou deficiência real.

Em todas as minhas décadas de prática clínica e de pesquisa relacionada ao TDAH, um dos maiores obstáculos para ajudar aqueles que têm o transtorno é que muitas pessoas, inclusive pais e professores, não o consideram uma condição real. Eles pensam que o TDAH é um problema de comportamento que resulta da escolha voluntariosa da criança para agir desse jeito ou por causa de pais ruins. De modo geral, é considerado um comportamento aprendido e provavelmente voluntário, usado para conseguir atenção ou fugir às responsabilidades. Portanto, não evoca compaixão e, na verdade, pode merecer punição. De acordo com essa crença, não há razão para fornecer ajustes, proteção, direitos, serviços de educação especial ou qualquer outra iniciativa como as que são feitas para deficiências «reais» – síndrome de Down, paralisia cerebral ou transtornos mentais graves como deficiência intelectual, psicose ou autismo. Julgamentos morais severos ou sanções costumam ser justificados, mas não compaixão nem desejo de ajudar.

É possível entender porque o público tem essa visão sobre o TDAH: como já mencionei, o próprio nome trivializa a condição. Além disso, o transtorno se expressa por meio de comportamento alterado, portanto, problemas comportamentais que por muito tempo foram atribuídos à má criação, ao ensino fraco ou a influências ruins do meio social. Finalmente, o TDAH não é visível em sinais físicos que indiquem que a criança tem um problema físico ou uma deficiência. A criança ou adolescente com o transtorno parece tão normal fisicamente quanto qualquer outra da mesma idade. O fato de que crianças e adolescentes com TDAH podem fazer muitas coisas tão bem quanto seus colegas mais típicos conspira para levar as pessoas a pensar que não há nada de errado física ou neurologicamente com eles.

A SOLUÇÃO: **Mantenha a perspectiva de que é uma deficiência.**

Quando eu estava começando a carreira em neuropsicologia clínica infantil na década de 1970 e trabalhava com crianças com deficiências de desenvolvimento e transtornos neurológicos, encontrei o trabalho inspirador do Dr. Leo Buscaglia, que promovia uma visão otimista da vida, de modo geral, e uma atitude positiva em relação a deficiências que eram muito inspiradoras. O livro dele *The disable and their parents*[1] dava conselhos sábios aos pais que tinham filhos com deficiências. E entre as lições desse livro, que trago comigo nos 45 anos que se passaram desde sua publicação, está a importância da atitude para promover uma maneira mais útil e humana de compreender e auxiliar pessoas com deficiência. A mensagem dele era reconhecer a condição delas, mas tratá-las com dignidade; ter compaixão não só pelas crianças com deficiência, mas também pelos pais; e acolher a aceitação da deficiência como uma parte da totalidade única dessa pessoa. Tenho ensinado esse princípio aos pais desde então.

---

1 N.T. Publicado no Brasil, em 1975, pela Editora Record, com o título *Os deficientes e seus pais: um desafio ao aconselhamento.*

Não podemos controlar tudo que acontece na vida, mas certamente podemos controlar nossa atitude em relação aos acontecimentos. Como sabemos, a atitude é tudo quando se lida com a adversidade. Essa também é uma das lições mais perspicazes e terapêuticas da psicologia. A vida envolve sofrimento, mas o modo que reagimos ao sofrimento pode criar mais problemas. Nossa atitude ou interpretação dos eventos determinará como nos sentimos e respondemos, e isso muitas vezes inclui desejar, ansiar ou insistir que acontecesse algo diferente do que realmente aconteceu conosco. A aceitação da realidade pode aliviar esse sofrimento extra. A terapia cognitivo-comportamental destaca o mesmo ponto chave. A disparidade entre o que queremos e pensamos que deveríamos ter ou merecemos e aquilo que existe é o que realmente causa sofrimento, depressão, pesar, raiva ou ansiedade. É nossa interpretação dos acontecimentos e não os acontecimentos em si mesmos que origina essa infelicidade.

O fato de que crianças com TDAH podem agir como jovens típicos conflita significativamente com a verdadeira natureza do transtorno. Essa disparidade pode confundir você fazendo com que se esqueça que seu filho não pode se comportar como todos os outros da idade dele. Você observa ele sair do quarto deixando uma cena de desastre para trás, e nota como é parecido com os irmãos e os amigos em relação a esse comportamento específico. Como é fácil sentir um lampejo de frustração por, em todas as situações, ele não *agir* como eles. Culpa ou crítica está a apenas um pequeno passo dessa resposta emocional.

Essa é uma reação muito natural. Parte do que sentimos nesses momentos é pesar e tristeza por a criança que amamos enfrentar esses desafios e nós também. Infelizmente, nós, humanos, às vezes rejeitamos a tristeza e nos voltamos para a raiva e a culpa. Assim, esses momentos de reflexão podem constituir um ponto de virada importante: ao ter a atitude da perspectiva da deficiência, podemos trocar a culpa pela compaixão (e estender um pouco de compaixão a nós mesmos). Esse caminho tem probabilidade muito maior de levar a soluções estratégicas que ajudarão a criança e os pais. Lembre-se de que é importante não ficar tão concentrado em «resolver o problema», a ponto de tentar reformar o filho e acabar não o aceitando como é. Veja o Princípio 3.

Como explicado na **Introdução**, o TDAH é um transtorno de desenvolvimento neurológico real que exige apoio e ajustes. Em vez de ser meramente um problema de atenção, é um transtorno de desenvolvimento das funções executivas e de autorregulação cujo nome seria melhor se fosse "transtorno de desenvolvimento da função executiva". Entenda que é isso que constitui os problemas que você enfrenta com seu filho todos os dias. Assim fica mais fácil lembrar que ele realmente não pode evitar, mas pode ser ajudado a se sair cada vez melhor no decorrer do tempo.

Tenha em mente, porém, que a última coisa de que uma criança com TDAH precisa ou quer é pena ou piedade. **O que as crianças com TDAH desejam – e precisam – é sua compreensão, que você saiba e aceite o fato de que elas podem ser diferentes de você e dos colegas típicos em diversas capacidades importantes.** Espero que você cultive compreensão, aceitação e, naturalmente, compaixão. Mas é ainda mais importante dispor-se a ajudar seu filho a ter acesso a ajustes (veja o quadro a seguir) e a tratamentos que reduzam o dano causado pelo transtorno em alguns ambientes e situações, como na escola e em casa.

Definindo nossos termos

Estamos usando muitos termos específicos aqui, então vou esclarecer o que eles significam.

Transtorno: como mencionei anteriormente neste livro, **transtorno mental** é uma falha ou disfunção em uma capacidade mental ou em um conjunto das capacidades mentais dos seres humanos. Essa disfunção pode resultar em um grau significativo de funcionamento ineficaz em importantes domínios das atividades da vida. Quando o funcionamento ineficaz chega ao ponto em que consequências adversas começam a ocorrer (o ambiente começa a revidar), a pessoa é prejudicada pelo transtorno.

Sintomas: são as expressões cognitivas e comportamentais desse transtorno.

Dificuldades: consequências adversas que ocorrem como resultado dos sintomas que levam ao funcionamento ineficaz.

Desvantagem: deficiência no funcionamento de um domínio específico de atividade — como emprego, educação, mobilidade ou autocuidado — que resulta em dano ou em consequências adversas. Note que a desvantagem resulta da interação entre a capacidade limitada do indivíduo (o transtorno) e as demandas de um ambiente específico, envolvendo uma importante atividade da vida, como o emprego. A desvantagem do transtorno de uma pessoa pode ser reduzida meramente alterando a situação. Se o ambiente for alterado, o que se chama ***ajuste***, a pessoa pode ter menos deficiência ou mesmo não ter deficiência causada pelo transtorno em dada circunstância. Por exemplo, colocar uma rampa na entrada de um edifício não elimina o transtorno físico de uma pessoa que dificulta sua mobilidade e a confina a uma cadeira de rodas. Mas a rampa reduz sua desvantagem: ela pode entrar no edifício que anteriormente era inacessível – nessa situação, ela tem a deficiência, mas não tem uma desvantagem.

Para mim, essa mudança na atitude ou recontextualização mental da criança ou adolescente com TDAH é o primeiro tijolo na construção de um programa de treinamento. Nenhuma outra mudança nas circunstâncias da criança provavelmente ocorrerá a menos que pais, professores e outros aceitem o TDAH como um transtorno real que requer compaixão, ajustes e outras formas de tratamento. Essa é a alteração mais importante e essencial que tem de acontecer quando se começa o processo de entender o TDAH na criança ou adolescente.

Você já entende que seu filho tem um transtorno, e é por isso que está lendo este livro. No entanto, é fácil esquecer disso nos momentos mais desafiadores do dia. De modo geral, é útil:

- renovar sua compreensão do TDAH; e, portanto,
- recarregar as baterias da compaixão por seu filho;
- recomprometer-se a fazer os ajustes e os tratamentos de que a criança pode precisar; a fim de
- reduzir as dificuldades que surgem dessa deficiência.

Sei que essa é uma diretriz bastante ampla; continue a ler para mais detalhes.

O PROBLEMA: O desenvolvimento neurológico de seu filho é atrasado em relação ao das crianças que não têm TDAH.

Décadas atrás, quando eu já tinha cerca de dez anos de experiência no trabalho clínico e nas pesquisas sobre TDAH, pensei que seria interessante tentar determinar qual pode ser o atraso das crianças com TDAH em suas capacidades executivas e autocontrole. Eu já compreendia que o TDAH é um transtorno do desenvolvimento da autorregulação, e já se pensava há tempos que o TDAH envolvia atraso no desenvolvimento da atenção, da inibição e da administração dos níveis de atividade. Assim, analisei muitos estudos diferentes de crianças de diversas idades, incluindo minhas próprias pesquisas, e calculei o quanto as crianças com TDAH eram deficientes em diversos aspectos em comparação com crianças saudáveis que formaram o grupo de controle.

A regra de 30%

Como mencionei na **Introdução**, as tomografias do cérebro têm mostrado que crianças e adolescentes com TDAH estão, na média, alguns anos atrasados em relação aos outros no desenvolvimento do cérebro executivo. Meus anos de pesquisa e leitura das pesquisas de outros estudiosos mostraram que a gama de déficits das funções executivas ficava entre 22 e 41% em relação ao que as crianças com desenvolvimento típico conseguiam fazer nessas tarefas, com média de 31%. Esse foi apenas um esforço inicial para obter uma ideia de quanto clinicamente as crianças com TDAH poderiam estar atrasadas, em média, no funcionamento executivo e no autocontrole, mas o resultado foi a compreensão muito útil de que crianças com TDAH parecem estar, na média, cerca de 30% atrasadas em relação a crianças saudáveis típicas da mesma idade.

O que a regra de 30% acrescenta ao que devemos entender para apoiar crianças com TDAH?

1. ***Não podemos esperar que crianças com TDAH funcionem no mesmo nível que crianças típicas nas sete capacidades executivas e no autocontrole***. Elas simplesmente não podem fazer isso rotineiramente.

2. ***Grande parte do conflito entre a criança com TDAH e os outros está nas expectativas inapropriadas dos pais, professores e outros adultos***. Ocorre um conflito entre aquilo que se exige da criança e o que a criança realmente pode fazer por si mesma, devido ao TDAH. Então,

em vez de pensar ou dizer: "Por que você não pode se comportar como as outras crianças?", devemos pensar ou dizer: "O que eu posso fazer para ajudar você a fazer o que as outras crianças podem fazer sozinhas?"

A SOLUÇÃO: **Ajuste suas expectativas à idade executiva de seu filho.**

Falando simplesmente, ***reduza suas expectativas até a capacidade de seu filho para regular o comportamento e, depois, pense nos ajustes que você pode fazer para que seu filho tenha sucesso apesar dos déficits na função executiva***. Isso expressa compaixão em relação à incapacidade de seu filho para fazer o que outros da idade dele podem fazer, e essa solução leva a estratégias práticas importantes.

Se pegarmos a idade cronológica (IC) da criança com TDAH e a reduzirmos 30%, dá para ter uma ideia geral do nível de desenvolvimento do funcionamento executivo da criança. Eu chamo isso de ***idade executiva*** (ou IE) da criança. Assim, IE = IC × 0,70 (70%). Não é necessária grande precisão; é só uma ideia geral do nível de funcionamento de seu filho. Assim, uma criança média de 10 anos com TDAH pode estar funcionando como uma criança de 7 anos no que se refere ao autocontrole. E é isso o que podemos esperar dessa criança em seu funcionamento cotidiano em áreas como autopercepção, controle de impulsos, intervalo de atenção, memória de trabalho, controle emocional, automotivação, administração de tempo e auto-organização/solução de problemas. Seu filho ***pode*** fazer essas coisas, mas não no mesmo nível das outras crianças.

Por exemplo, uma criança tem 10 anos, está no quarto ano e tem recebido uma quantidade típica de lição de casa que exija, digamos, cerca de 40 minutos. Isso é razoável considerando a regra de 30%? Não, de modo algum. A quantidade de lição de casa e o grau que esperamos que ela faça as tarefas sem auxílio dos outros deve ser a esperada de uma criança de 7 anos: de 5 a 10 minutos. O que você, como pai ou mãe, pode fazer a respeito? Por um lado, pedir ao professor que reduza a quantidade de trabalho que seu filho tem de fazer como lição de casa. Isso ajuda, mas a criança pode ficar atrasada em relação às outras no conhecimento acadêmico e no desenvolvimento de habilidades, se esse tipo de ajuste continuar por algum tempo. Ela não solucionará tantos problemas quanto os outros e provavelmente não ficará tão proficiente no tema ou conceito quanto os outros. Uma alternativa é dividir a tarefa em porções menores, mais compatíveis com a IE de 7 anos da criança. Então, dê a ela 5 minutos de trabalho para fazer e depois deixe que faça um intervalo de um ou dois minutos; dê mais 5 minutos de trabalho e depois outro intervalo curto e assim por diante até que todo o trabalho seja feito. Vai demorar mais para ser feito do que outra criança demoraria? Sim. Mas não tanto tempo quanto levaria para que a criança com TDAH fizesse o trabalho sozinha (de qualquer modo, ela não conseguiria fazê-lo). Pelo menos a lição será feita e com muito menos estresse, conflito e lágrimas do que se você simplesmente a mandar fazer a lição de casa, como faria com uma criança típica de 10 anos.

Mais um exemplo de que pensar em termos de IE muda as expectativas: seu filho com TDAH tem 18 anos, isso significa que já pode tirar carteira de habilitação. Ele deve fazer isso? Não! Nada de dirigir um carro. Por quê? A regra de 30% diz o motivo. Você acabou de dar um carro a alguém com o autocontrole de uma criança de 13 anos. Ai, meu Deus! No que você estava pensando quando fez isso?

Esse jovem precisa adiar as aulas de direção. Se conseguir uma licença para aulas, precisará ficar mais tempo no nível de permissão de aprendiz, praticando com supervisão de um instrutor. Depois, conforme demonstrar mais capacidade de dirigir e for aprovado no exame de habilitação, poderá dirigir com você durante o dia; mais tarde, você pode deixar que ele dirija com você à noite. E só depois dessas etapas poderá dirigir sozinho. Se tudo correr bem, talvez possa dirigir com um amigo no carro. Observe que você só pode dar a ele a independência com a qual ele mostrar que pode lidar. Se não lidar bem com o próximo nível de independência, volte ao nível anterior supervisionando mais.

O fato é que o adolescente com TDAH distrai-se com facilidade e tem pouco controle de impulsos. Sabendo disso, deve-se permitir que esteja com o celular no carro ao dirigir? Não, pelo menos não sem alguma restrição de uso. Você não pode simplesmente dizer que não use o celular. Sabemos que com a baixa IE ele não obedecerá a essa regra quando estiver dirigindo sozinho. Você tem de tornar impossível o uso do celular ao dirigir. Como? Faça *download* de um app no celular que impeça seu uso no carro em movimento. Ou instale um dispositivo simples no carro (em geral na porta inteligente situada em algum ponto do painel) que bloqueie todos os sinais de celular quando o carro estiver ligado. De novo, o importante não é seguir conselhos, mas compreender que seu filho adolescente tem IE muito mais baixa do que sua idade cronológica e deve adequar suas expectativas e ajustes de acordo com isso.

Você pode aplicar essa regra de 30% a praticamente todas as suas exigências em relação a sua filha com TDAH, em especial conforme novas oportunidades para independência surjam – namorar, dirigir, trabalhar meio-período, administrar dinheiro, ir para a faculdade etc. Que mudanças você teria de fazer nessas atividades para uma filha que é 30% mais nova do que a idade em autocontrole, de modo que seja capaz de lidar bem com as situações? Essa reflexão também obriga você a considerar se deve deixar sua filha adolescente fazer essas coisas neste momento. O mais importante a ter em mente aqui não é o número (30%) nem se ele é cientificamente preciso (não é), mas o fato simples e profundo de que alguém com TDAH é bastante atrasado no desenvolvimento do autocontrole e do funcionamento executivo. Sabendo desse fato, use-o para ajustar suas expectativas caso sua filha esteja funcionando em um nível de desenvolvimento mais baixo (IE) nas atividades cotidianas.

O PROBLEMA: **A deficiência de seu filho pode ser frustrante.**

Eu não preciso convencê-lo disso; você sente na pele. Assim, nos momentos em que sua paciência se esgotar, pode ser fácil pensar: "Eu sei que você tem uma deficiência e posso lidar com o que isso envolve na maior parte do tempo, mas *isto*, ISTO, é demais. Eu sei que você pode ser melhor do que isto!". Quando a paciência acaba é difícil encontrar compaixão. Então, vamos tentar de outro modo.

A SOLUÇÃO: **Pratique o perdão.**

Vou mostrar como praticar o perdão na conclusão deste livro, quando ajudarei você a juntar todos os princípios e usá-los na criação de seu filho com TDAH. Agora basta dizer que o perdão é uma boa prática quando o comportamento ruim parecer ficar ainda pior, ou quando uma consequência dos sintomas de seu filho parecer mais devastadora do que o usual. Algumas vezes, a melhor resposta é perdoar seu filho querido por aquilo que realmente não é culpa dele e simplesmente seguir em frente. Este conselho entremeia os princípios no resto do livro.

Ao entender realmente que seu filho tem um transtorno, praticar aceitação e compaixão, aplicar o benefício tático de aplicar a regra de 30% e liberar perdão nos momentos mais difíceis, você terá:

- muito menos conflito no relacionamento com seu filho;
- probabilidade muito maior de fazer todos os ajustes necessários e aplicar os tratamentos mais apropriados;
- disponibilidade muito maior de defender seu filho para conseguir os serviços médicos, educacionais e psicológicos apropriados;
- maior probabilidade de promover o desenvolvimento, o funcionamento adaptativo e o bem-estar geral de seu filho.

Então, não deixe que a brevidade deste capítulo o engane: ver o TDAH da perspectiva de uma deficiência ou de um transtorno está entre os princípios mais importantes deste livro.

PRINCÍPIO

3

SEJA UM PASTOR, NÃO UM ENGENHEIRO

Agora que já leu os Princípios 1 e 2, você já deve imaginar a que este princípio se refere: como pais, somos como pastores de ovelhas: devemos proteger nossos filhos, mantê-los seguros, promover o bem-estar deles e ajudá-los a fazer o melhor que puderem com os pontos fortes e fracos que têm. As chaves para o sucesso no Princípio 1 incluem estar presente incondicionalmente para seu filho e buscar os melhores apoios a seu alcance; e o tema do Princípio 2 é a aceitação compassiva em meio ao realismo. Desejo realmente que todos os pais sigam esses princípios.

O PROBLEMA: Pais que agem como engenheiros ou arquitetos.

Praticamente em todos os lados para os quais olhamos atualmente somos inundados com conselhos sobre como criar filhos. Agora mesmo fiz uma busca na Amazon por títulos que incluíssem "criar filhos" e fui imediatamente informado que mais de 80 mil estavam disponíveis. Você pode apostar que eles não concordam uns com os outros. Esta é uma receita para a paralisia dos pais. Havia até um livro chamado *Raising children for dummies* (Criação de filhos para idiotas, em tradução livre), como se você pudesse aprender a moldar inteligentemente uma criança do mesmo modo que aprenderia a operar um computador ou consertar um carro. Se houvesse um *site* no qual os pais pudessem pesquisar todas as marcas, modelos, estilos e opções de filho como fazemos ao comprar um carro, bastaria especificar o que queríamos e teríamos informações de onde, como e quanto pagar para consegui-lo; poderíamos até mesmo ver os comentários de quem já havia feito isso antes para saber quais resultados médios esperar.

Analisando tudo isso, você pode pensar que a maioria dos pais são muito desinformados quando se trata da criação de filhos, que não têm inclinações naturais sobre como educá-los para que sejam adultos saudáveis, bem-ajustados, bem-adaptados e contentes. No entanto, muitas crianças sobreviveram e prosperaram séculos atrás – bem antes dos séculos XIX e XX, quando uma classe de especialistas surgiu para nos aconselhar a respeito de como criar nossos filhos (e escreveram muitos livros e artigos sobre isso). O surgimento de todo um setor sobre criação de filhos também sugere que em algum lugar deve haver um mapa a seguir. Finalmente, a conclusão natural a ser extraída é que se todos esses manuais de instrução estão disponíveis, deve significar que as crianças são um quadro em branco ao nascer e os pais têm poderes incríveis que usarão para lhes dar forma – podemos determinar o que serão, que tipo de personalidade terão, o quanto são inteligentes e o que podem vir a ser, se serão bem-sucedidos, realizados e felizes na idade adulta. Tudo isso pode nos levar a acreditar que começamos como pais inexperientes, mas podemos na verdade nos transformar em arquitetos e engenheiros habilidosos de crianças.

Podemos moldar nossos filhos?

Como chegamos a este ponto? Sem dúvida, diversas forças se combinaram para nos convencer de que podemos (e devemos) nos tornar pais praticamente perfeitos e criar crianças ótimas, que se transformam em adultos modelos. Com os inúmeros avanços em tecnologia, ciência e envio de informações, não é de surpreender que passemos a acreditar em nossos poderes de inovação e solução de problemas. Lembre-se também de que tendências em conselhos sobre criação de filhos surgiram e desapareceram e, por sermos tão devotados a nossos filhos, tentamos adotar as recomendações dos especialistas em voga. Está tudo bem tentar aprender como promover o crescimento e o desenvolvimento saudável das crianças e procurar ser os melhores pais que pudermos. O problema é que ao longo desse percurso muitos de nós esquecemos de confiar na intuição, usar o conhecimento íntimo que temos de nossos filhos e acabamos acreditando não só que é possível criar um filho melhor se pudermos identificar o especialista com mais autoridade, mas que, se não conseguirmos isso e nossos filhos não forem bem comportados e felizes, a culpa é nossa.

Do ponto de vista da biologia, evolução, genética e de toda a história humana na Terra, isso é pura bobagem. É claro, a criação dos filhos importa. Muito. Mas talvez não do modo que você pensa. E nós pais certamente não temos o poder de recriar nossos filhos e não deveríamos nos sobrecarregar com a culpa de fracassar nesses esforços de engenharia. Porém, é difícil abandonar essa ideia com toda a pressão que sofremos para sermos pais perfeitos. Se já vivenciou algum dos itens no quadro a seguir, provavelmente você ficou preso nesse pensamento – convém deixar essa posição e alterar sua atitude mental.

Será que você precisa de uma "checagem de realidade" sobre a criação de filhos?

Muitos pais têm expectativas irrealistas do que podem fazer para os filhos ao atuar como bons pais e ficam decepcionados e culpados quando o resultado não é perfeito. Se você vivenciar qualquer dos itens a seguir, irá se beneficiar do Princípio 3.

- ☐ Você se sente oprimido pelos conselhos sobre criação de filhos? Paralisado por causa disso? Confuso com todas as contradições?
- ☐ Tem medo de agir ou não agir de algumas maneiras em relação a seus filhos por causa do que os especialistas em criação infantil disseram ou escreveram?
- ☐ Você acredita que todas as interações com seu filho causam impacto duradouro? Que a abordagem que usa na criação de seu filho é crucialmente importante?
- ☐ O seu senso de competência como pai ou mãe é tão frágil que você tem medo que os outros critiquem seu modo de criar filhos quando está em público com eles?
- ☐ Você acha que todo o destino de seu filho está em suas mãos? Isso transformou você em uma máquina de educação de filhos 24 horas por dia?

- ☐ Você se percebe pairando sobre seu filho sempre que pode para gerenciar tudo que ele pensa, diz e faz?
- ☐ Tenta evitar que sua filha sinta qualquer perturbação, frustração ou fracasso por medo de que isso deforme a mente, a personalidade ou o comportamento dela para toda a vida?
- ☐ Você sacrificou seu casamento, seus interesses pessoais ou seu tempo de lazer com amigos para criar seu filho?
- ☐ Preocupa-se com a possibilidade de que deixar os filhos infelizes irá marcá-los por toda a vida e que eles vão precisar de psicoterapia de longo prazo para se recuperar?
- ☐ Você acredita que o TDAH de seu filho é sua culpa mesmo que tenha lido evidências científicas de que é um transtorno de desenvolvimento neurológico biológico e, em grande parte, genético?

Você não está sozinho se marcou muitos desses itens. Essa atitude mental sobre criação de filhos é a razão pela qual nos preocupamos tanto com estarmos agindo certo com nossos filhos: todos parecem estar fazendo isso e, se não fizermos também, estaremos abdicando de nossa responsabilidade parental. E quando temos um filho com um transtorno como o TDAH, essas preocupações são ampliadas. Embora pareça difícil, você descobrirá que relaxar um pouco mais em suas práticas de criação infantil fará muito bem a você e a seu filho.

Seu sistema de orientação interno enferrujado

Vezes demais ignoramos nossos próprios instintos e o conhecimento íntimo de nossos filhos porque somos invadidos por conselhos sobre criação infantil. Desvalorizamos muito a sabedoria transmitida pelas gerações anteriores e esquecemos que as crianças podem ser muito diferentes umas das outras, mesmo quando criadas pelos mesmos pais. Não há crianças moldadas, nunca houve e não pode haver! Sim, precisamos estudar cientificamente as práticas de criação infantil para descobrir o que fazer para agir de modo cada vez melhor na criação de nossos filhos, na medida do possível. Mas isso não deve resultar na crença inquestionável de que as crianças são quadros em branco e apenas nós, os pais, determinamos o curso da vida delas. Os pais não são arquitetos, engenheiros ou chefes. Criar filhos não é preparar uma receita de alimento!!!

Acreditar que podemos moldar um filho perfeito é especialmente prejudicial para pais cujos filhos nasceram com qualquer um dos muitos transtornos (mais de 250 na última contagem) psicológicos ou psiquiátricos, que podem surgir durante o desenvolvimento da criança. O mais comum é que isso gere uma enorme culpa em relação ao papel que o pai ou a mãe tem desempenhado na criação de um filho imperfeito. Além do mais, esse pensamento produz um enorme pesar em relação ao que poderia ter sido, mas agora parece perdido: a criança perfeita, capaz e bem adaptada que tanto queríamos que estivesse ao nosso alcance se apenas tivéssemos nos apoiado na ciência atual de criação infantil. Veja o próximo quadro para um resumo das evidências de que não podemos moldar nossos filhos.

Uma mensagem que deve ser levada para casa

Suas práticas de criação infantil não importam tanto quanto você pensa. Não me entenda mal: a criação infantil certamente é importante. Ninguém está dizendo para abandonar os filhos nem "deixe-os apenas com um pedaço de pão e vá para Las Vegas", como um pai comicamente me acusou de sugerir. Mas a criação infantil é importante de modos diferentes do que você foi levado a acreditar. Certamente, as milhares de interações diárias com nossos filhos são importantes; são muito importantes para determinar o relacionamento que teremos com nossos filhos pelo resto da vida. Se seu filho for adequadamente protegido, vestido, nutrido, guiado e estimulado, você terá oferecido um ambiente suficientemente bom em casa para que ele floresça, se desenvolva e até prospere.

Mas outras decisões em relação ao que está fora de casa são bem mais influentes do que você pode fazer dentro dela. Essas decisões têm a ver com o lugar que você escolhe para viver; o tipo de vizinhança em volta de sua casa; a quais outras crianças seu filho será exposto; a qualidade das escolas que frequentará e os professores que vão ensiná-lo; os outros adultos com os quais ele pode ter contato; os recursos disponíveis para você cultivar as capacidades e aptidões naturais de seu filho. Essas são as maneiras de os pais influenciarem a natureza psicológica dos filhos:

indiretamente, criando bons ambientes ao redor deles. Lembre-se, é o ambiente único que seu filho vivencia, não é compartilhado com os irmãos e está em grande parte fora de sua casa que mais importa aqui. A pesquisa sobre o desenvolvimento infantil mostra repetidamente que as experiências e os ambientes únicos fora de casa junto com a predisposição genética, parecem ser bem mais influentes para o desenvolvimento psicológico da criança em comparação com o modo que os pais lidam com ele em casa (a não ser que haja negligência parental, abuso ou desnutrição infantil). Assim, desde que os pais proporcionem um ambiente "suficientemente bom" para uma criança, as influências mais importantes estão fora de casa.

Então, se você não é importante como um arquiteto ou engenheiro de seus filhos com suas práticas de criação infantil, qual é sua importância?

Descubra porque pais perfeitos e filhos perfeitos são um mito

Ainda não está convencido? Se estiver torcendo as mãos por causa de seus fracassos como pai de uma criança com TDAH, leia esta lista de motivos pelos quais sabemos que seu poder não é tão forte assim.

- ☐ *Crianças pré-modernas.* Se a visão moderna da criação infantil como todo-poderosa é real, como tantas gerações passadas de crianças conseguiram sobreviver, adaptar-se e ter sucesso? E como os pais as criaram até a maturidade sem os livros de criação infantil escritos por especialistas?
- ☐ *Irmãos.* Se você olhar para seus próprios irmãos, seus filhos ou as famílias de seus amigos, é impossível negar as diferenças marcantes entre aqueles criados pelos mesmos pais. Na maioria dos casos, os pais não alteram radicalmente suas práticas de criação de filhos a cada filho que criam. São as próprias diferenças e características inerentes às crianças que vêm à superfície.
- ☐ *Gêmeos idênticos.* Por que gêmeos idênticos criados separados desde o nascimento por pais totalmente diferentes são tão semelhantes de tantas maneiras, não só na aparência, mas em inteligência, personalidade, talentos, interesses, preferências, características psicológicas,

transtornos psiquiátricos e até gestos? Sim, podemos encontrar algumas diferenças pequenas, mas são pouco importantes e menos numerosas do que as semelhanças. No entanto, foram criados por pais diferentes que, sem dúvida, os criaram de modo totalmente diferente do irmão gêmeo. Se a criação infantil é tão poderosa, por que os gêmeos são tão similares?

- ☐ *Adotados.* Todas as pesquisas com adotados criados por pais sem parentesco desde o nascimento mostram um achado surpreendente: a personalidade, inteligência, capacidades mentais, características psicológicas, transtornos psiquiátricos e muitos outros atributos dessas crianças têm correlação significativa com os pais biológicos e não com os pais que os criaram. Sim, eles podem ir a igrejas diferentes ou estar em partidos políticos diferentes dos de seus pais biológicos, mas além das diferenças da influência social, por que essas crianças não se parecem mais com seus pais adotivos?

- ☐ *As evidências das pesquisas.* Grandes estudos que acompanharam crianças enquanto elas se desenvolviam, incluindo muitos gêmeos idênticos e não idênticos, revelaram que:
  - As diferenças genéticas são um importante componente das diferenças entre as crianças.
  - A influência dos pais (ambiente compartilhado) é sempre menor do que as influências genéticas.
  - No decorrer do desenvolvimento ocorre um declínio marcado no grau de influência parental que é maior nos anos pré-escolares e se torna praticamente não existente no final da adolescência ou no início da idade adulta.
  - Ambientes não compartilhados, externos à casa, são responsáveis pelas diferenças individuais em grau significativo.
  - A influência desses efeitos externos à casa aumenta com a idade no decorrer do desenvolvimento e excede a influência dos pais na adolescência ou antes dela.
  - As influências genéticas relativas a traços específicos podem aumentar no decorrer do desenvolvimento.

- ☐ *Causas de transtornos psicológicos e psiquiátricos infantis.* Atualmente temos muitas evidências de que a maioria dos transtornos resulta de efeitos neurológicos e genéticos e não são resultado das práticas de criação infantil dos pais nem pelo ambiente familiar compartilhado (veja detalhes na quarta edição de *Taking charge of ADHD*).

☐ *Taxas de transtornos mentais nas crianças.* Finalmente, por que as taxas de transtornos psicológicos e psiquiátricos das crianças permanecem estáveis ou aumentam se a ciência da criação infantil progrediu tão substancialmente? Se soubéssemos mais sobre criação infantil agora e essas práticas causassem esses distúrbios, então as taxas teriam diminuído, e isso não aconteceu.

A SOLUÇÃO: **Seja um pastor, não um engenheiro.**

Seu filho é um ser único. Cada pessoa tem uma mistura única de pontos fortes e fracos nas sete funções executivas (entre outros traços). Isso significa que você tem a chance de pastorear essa pessoa única até a idade adulta ao entender cada função executiva, se está mais e menos desenvolvida, e dar apoio de acordo com esse conhecimento para ajudá-lo a tornar-se a pessoa mais bem desenvolvida e efetiva possível. Entenda que os pais fazem isso por meios indiretos e principalmente por meio das "pastagens" que escolhem e os recursos que fornecem. Você não é escultor da argila de seu filho, mas um **guia**, **supervisor**, **fornecedor**, **nutridor**, **protetor**, **patrocinador** e **pastor** para o que é e será um indivíduo único. Entenda sua parte aqui e você poderá proporcionar mais facilmente o que é essencial a seu filho, ao mesmo tempo que desfruta do *show* do desenvolvimento conforme acontece. Você tem o importante papel de pastor, não tem de projetar a ovelha!

O que fazer?

Então, o que os bons pastores fazem? Eles certamente não abandonam o rebanho e vão para o bar mais próximo.

1. Protegê-lo. Os bons pastores vigiam seu rebanho dia e noite e garantem que os danos do mundo tenham muito menos probabilidade de atingi-lo. O principal trabalho de todos os pais é obviamente proteger seu filho das forças prejudiciais em casa, no bairro, na escola e na comunidade mais ampla. Então você faz o que os pais fazem instintivamente: procurar e eliminar o máximo de fontes de dano que puder, monitorar os filhos e garantir que recebam os cuidados e o tratamento mais apropriados quando necessário para lidarem com esses danos e se recuperarem deles. Crianças com TDAH têm três ou cinco vezes mais probabilidade do que as outras de sofrerem ferimentos acidentais e envenenamentos; de enfrentarem *bullying*, vitimização e abuso físico e emocional de outras crianças e adultos; e de ter mais problemas por causa de sua tendência a assumir riscos e buscar sensações. Elas também têm probabilidade quase duas vezes maior de morrer de ferimento acidental antes dos 10 anos. A maioria dos pais tende a se envolver instintivamente nesse comportamento de proteção. Esses esforços de proteção são especialmente importantes para os pais das crianças com TDAH.

2. Faça o que puder para encontrar o melhor bairro onde criar seu filho. Não pretendo ser insensível ao fato de que muitos de nós não tem muita escolha aqui, mas pode haver opções. Verifique se no seu bairro há escolas de boa qualidade, outras boas famílias que sejam pastoras, colegas pró-sociais, adultos que podem ser bons modelos e outros recursos que alimentem o desenvolvimento social e físico de seu filho, como esportes, clubes, grupos de escoteiros e grupos de igrejas. Como Judith Harris disse no livro *The nurture assumption* (A suposição da criação de filhos, em tradução livre), o lugar em que você escolhe comprar ou alugar uma casa tem mais a ver com o desenvolvimento de seu filho do que aquilo que você provavelmente fará dentro dela. Encontre o melhor bairro que puder pagar sem sacrifícios excessivos. Depois, monitore os relacionamentos de seu filho e dirija-o para desenvolver relacionamentos com colegas pró-sociais, bem ajustados psicologicamente e até mesmo inspiradores. Ao fazer isso, não se esqueça do papel cada vez mais importante da internet e das mídias sociais e monitore também o tempo que seu filho passa *on-line*.

Incentive seu filho com TDAH a brincar muito, fazer exercícios físicos, até mesmo a participar de atividades de exercício de rotina em uma academia ou de esportes organizados. O exercício físico é especialmente benéfico para crianças com TDAH porque ajuda a reduzir os sintomas, melhora a saúde emocional e a automotivação, e as ajuda a lidar melhor com as dificuldades. O exercício também contribui para manter o peso apropriado (a obesidade pode ser um problema para crianças com TDAH), a saúde e o bem-estar geral.

3. **Quanto mais jovem a criança, mais as interações importam.** Observei anteriormente que esse fator importa tanto com crianças mais novas e quanto para um relacionamento contínuo.

Criar interações previsíveis, de apoio, gratificantes e estimuladoras com seu filho inicialmente o ajuda a tornar-se mais bem ajustado, mais confiante e competente. **Faça com que sua vida doméstica, as regras, rotinas, rituais de família e outras atividades que se repetem razoavelmente sejam previsíveis e tão agradáveis e respeitosas quanto puder.** Mantenha estáveis suas interações com seu filho faça com que sejam, gratificantes, respeitosas, previsíveis e de apoio; não permita que sejam caóticas, emocionais, caprichosas nem depreciativas. Não seja psicologicamente ausente nem deixe de se envolver com eles. Muitos dos princípios deste livro são planejados com esse objetivo isso: para que você atue como pastor e ofereça a seu filho um pasto previsível, gratificante, aprovador, acolhedor, amoroso e nutridor.

4. **Faça os ajustes necessários para acomodar as limitações dele.** Vamos discutir muitos ajustes específicos que você pode fazer em circunstâncias particulares e para algumas tarefas específicas, mais adiante neste livro. O principal aqui é que você pode reduzir o grau de desvantagem da condição ao mudar o ambiente para que seu filho seja menos prejudicado em determinada situação. Por exemplo, você pode pedir a sua filha que faça a lição de casa de inglês na mesa da cozinha, enquanto você prepara o jantar; pode determinar um tempo para que ela resolva uma pequena quantidade de problemas (por exemplo, de três a cinco problemas, como sugeri anteriormente), permitir intervalos curtos, dar incentivo e aprovação durante todo o tempo, tocá-la leve e carinhosamente no ombro de vez em quando como sinal de aprovação, ou recompensá-la com sua sobremesa favorita depois do jantar. Fazer isso não muda nem um pouco o grau de TDAH de sua filha, mas torna muito mais provável que ela complete a tarefa do que se você disser a ela de uma só vez, sem intervalo, que faça no quarto dela, sem supervisão.

5. Busque maneiras de melhorar o ambiente e torná-lo mais educativo, estimulante ou apenas mais divertido. Colocar um balanço no quintal, mais livros no quarto para serem lidos à noite, mais brinquedos educativos, DVDs, videogames educativos construtivos e mais equipamentos esportivos pela casa pode ter efeito positivo no desenvolvimento de seu filho.

6. Forneça boa alimentação. Examine a dieta de seu filho e a nutrição em geral para ver se a alimentação está contribuindo para a saúde e o bem-estar no longo prazo. Ou será que está excessivamente baseada em *fast-food*, carboidratos, comidas e bebidas cheias de açúcar? Em média, crianças com TDAH comem alimentos menos nutritivos do que crianças típicas. Pensamos que isso acontece porque esses alimentos atraem o filho impulsivo com TDAH e assim ele não cria confusão para comer – o que gera alto risco de obesidade entre as crianças com TDAH, risco que aumenta com a idade do mesmo modo que o risco para o diabetes tipo 2. Na idade adulta, duas vezes mais pessoas com TDAH são clinicamente obesas do que pessoas típicas. Assim, esforce-se para oferecer alimentos mais balanceados e nutritivos e reduza ou retire os alimentos menos nutritivos de casa. Algumas crianças com TDAH têm deficiências de vitaminas (geralmente D), ômega 3 ou 6, ou ferro, que podem ser mais bem abordadas por meio da alimentação. Uma pequena porcentagem dessas crianças pode ter alergias a corantes alimentícios, o que piora os sintomas do TDAH. Pergunte ao pediatra se é esse o caso e quais medidas você pode tomar para lidar com essas deficiências e alergias.

7. Crie ambientes e rotinas consistentes e previsíveis. Examine suas rotinas domésticas e certifique-se de torná-las o mais consistentes e previsíveis possível de um dia para o outro.

- As rotinas matinais antes da escola são consistentes e efetivas para arrumar as crianças e mandá-las para a escola?
- As rotinas do jantar e noturnas são bem consistentes em relação ao horário de comer, fazer a lição de casa, preparar as coisas das crianças para o dia seguinte, tomar banho, escovar os dentes e ir para a cama?

As rotinas das famílias que têm filhos com TDAH muitas vezes são inconsistentes e caóticas, com alimentação, higiene dental, médica e do sono ruins ou uso não consistente de práticas preventivas de manutenção da saúde. Um ambiente doméstico tão imprevisível aumenta o estresse na família e especialmente na criança com TDAH, cuja capacidade de lidar com situações são mais frágeis devido ao transtorno. O estresse pode piorar a situação de seu filho com TDAH e desenvolver comportamento de desafio e oposição. **Algumas vezes essa inconsistência é causada por um dos pais que também têm TDAH**; assim, certifique-se de que você e outros responsáveis pela criança sejam adequadamente avaliados e tratados para TDAH e condições relacionadas.

8. Cuide bem de si mesmo. Você não pode dar o máximo na criação de seu filho se estiver com problemas de saúde, dificuldades emocionais ou estresse geral na vida. Então, examine a si mesmo.

- Como está *seu* peso, sua alimentação, uso de álcool e qualquer outra substância que você tenda a usar em excesso?
- *Você* está se exercitando o suficiente para permanecer, tanto quanto possível, saudável física e mentalmente?
- *Você* está conseguindo sono suficiente para não ser um pastor confuso, irritável, emocionalmente frágil ou distraído?
- O que você está fazendo para recarregar as baterias emocionais de modo a lidar melhor com seu filho com TDAH?

Muitos pais descobrem que a rotina de exercícios, atividades esportivas com outros adultos, clubes, grupos de igreja, aulas de yoga e meditação ou imersão em hobbies restaura o bem-estar emocional. Assim, assegure-se de não economizar na automanutenção emocional enquanto se dedica a ser o melhor pai e mãe possível para seu filho com TDAH.

Se você se concentrar em melhorar as áreas que considera necessárias de atenção, então terá feito o máximo que puder para ser um bom pastor para seu filho com TDAH. O resto, em grande medida, não está no seu controle. Você agora tem de criar um indivíduo único enquanto tenta manter um relacionamento próximo e de apoio a ele durante toda a vida. Então, depois de fazer o melhor possível, aproveite o *show*!

PRINCÍPIO

4

AJUSTE SUAS PRIORIDADES

Fazendo uma comparação com pastores de ovelhas, cuidar de uma só criança com TDAH pode parecer, muitas vezes, com pastorear gatos. Por isso é tão importante obter o controle do que realmente precisa ser feito: seja ajudar seu filho com a agenda escolar, a aplicar as regras da casa ou a participar das tarefas domésticas. Em meu trabalho com as famílias, descobri que os melhores planos muitas vezes são falhos. Somos humanos, coisas inesperadas acontecem e antes de você se dar conta sua lista de coisas a fazer continua tão longa à noite como estava pela manhã. Quando se trata do que esperar de seu filho, eu aconselho pais de crianças com TDAH a priorizar o que promove o desenvolvimento e o funcionamento da criança. E quando se trata de administrar a casa e a família, aconselho a levar em conta aquilo que reduzirá seus próprios níveis de estresse para que possam continuar.

O PROBLEMA: Pais de crianças e adolescentes com TDAH muitas vezes discutem com os filhos problemas menos importantes, desencadeando mais conflito na família.

Por causa dos sintomas de TDAH e dos problemas mais amplos com autorregulação e funcionamento executivo, as crianças e adolescentes com TDAH têm muitas dificuldades para seguir instruções, realizar tarefas domésticas, fazer trabalhos escolares e outras solicitações. Essa falta de conformidade é frustrante para os pais que normalmente repetem o comando (talvez várias vezes), ficando cada vez mais bravos conforme a criança não começa ou termina a tarefa necessária. Se você está familiarizado com essa sequência, sabe que o resultado costuma ser uma explosão que, mais tarde, pode parecer risivelmente trivial. Vamos analisar com detalhes como isso acontece.

Crianças com TDAH resistem mais do que as outras a deixar uma atividade da qual estão gostando para obedecer a um pedido para fazer outra coisa. Mesmo adultos típicos costumam adiar o início de um trabalho quando há formas mais atraentes para passarem o tempo. Mas quem tem TDAH, especialmente as crianças, tem capacidade limitada de autocontrole emocional e menos tolerância para esperar e adiar a gratificação. Sua exasperação ao lhe pedirem para fazer algo que não seja divertido facilmente gera um conflito com os pais.

Essa oposição pode evoluir para o transtorno opositivo-desafiador (TOD) e aumentar as brigas entre filhos e pais. É comum, depois de 2 anos do desenvolvimento dos sintomas de TDAH, que as crianças desenvolvem TOD: níveis anormalmente altos de raiva, temperamento difícil, hostilidade, argumentação, desafio, desobediência, teimosia, irritabilidade e até vingança. Uma dimensão importante no desenvolvimento do TOD são as interações entre filhos e pais. Isso não quer dizer que os conflitos relativos aos pedidos não obedecidos, típicos do TDAH, causem diretamente TOD. Mas podem influenciar o desenvolvimento do TOD quando associados com o controle emocional limitado das crianças, então é sempre importante minimizar os conflitos. Um modo de fazer isso é definir prioridades.

A imensa quantidade de pedidos que todos os pais normalmente fazem aos filhos é realmente difícil para crianças com TDAH — e ineficiente quando a meta é conseguir que as coisas sejam feitas. Os pesquisadores descobriram que os pais costumar dizer 100 ou mais comandos diferentes aos filhos *todos os dias.* Se supusermos que as crianças ficam acordadas por aproximadamente 15 horas por dia, isso significa uma média de pelo menos seis comandos por hora, ou um a cada 10 minutos. Mesmo crianças típicas podem ter problemas em ouvir todos eles, acompanhar o que deveriam fazer e concluir a ação. As crianças com TDAH – que têm déficit de atenção, facilidade em se distrair e impulsividade, para não falar na hiperatividade (pense em observar seu filho de 7 anos tentar ficar sentado por tempo suficiente para terminar a lição de casa, como você mandou) – se sentem sufocadas por essa longa lista de ordens. Agora imagine como *qualquer* criança de 7 anos pode se sentir quando a mãe fica brava ou decepcionada quando não termina a lição de casa no tempo determinado porque realmente não conseguiu. Se essa cena se repete dia após dia, a frustração do filho aumenta, seu senso de valor pessoal despenca e ele fica cada vez mais bravo com os pais. A criança começa a esperar a desaprovação da mãe, a mãe começa a esperar uma luta e o potencial de conflito aumenta rapidamente.

A SOLUÇÃO: **Reconsidere as prioridades e mude a dinâmica.**

Há várias maneiras de mudar o padrão pedido/resistência que alimenta o conflito, conheça algumas delas.

1. Comece descobrindo se você pode simplesmente deixar alguns pedidos de lado, pelo menos no momento. Examine os diferentes tipos de pedidos que você e todos os pais tendem a fazer aos filhos:

- instruções para parar um comportamento que você acha incômodo;
- pedidos para que a criança ajude a fazer alguma coisa, como pegar algo de que você precisa;
- pedidos de ajuda mais demorada, como lavar a roupa;
- instruções para fazer atividades que as crianças aprendem a fazer sozinhas como parte do aprendizado de autocuidado, manutenção da saúde e funcionamento diário – vestir-se, tomar banho, escovar os dentes, comer corretamente, arrumar sua bagunça etc.;
- instruções de como fazer a lição de casa;
- instruções e lembretes para fazer as tarefas domésticas que foram atribuídas à criança ou ao adolescente.

Você notou que alguns desses parecem menos essenciais do que outros? Se seu filho acabou de limpar a mesa do jantar e de tirar o lixo, especialmente se fez isso sem discutir, não é a hora de pedir que vá até o andar superior e traga seu iPad. Ou se foi um dia cheio para ele (e para você), a louça e o lixo podem esperar até de manhã. A questão é: **manter a paz na família e o bom relacionamento com seu filho é sempre a prioridade mais alta.** Alguns pedidos sempre serão menos necessários do que outros, e sempre há momentos em que alguma coisa que geralmente é de alta prioridade deve ser deixada de lado para evitar conflitos.

2. Examine as situações e/ou o horário do dia em que você e seu filho parecem estar particularmente inclinados a conflitos. Quando você normalmente se prepara para brigar com seu filho? Na hora de dormir? Na hora da lição de casa? De manhã, antes da escola? Pode ser muito revelador escolher um desses momentos do dia que em geral são problemáticos e escrever o que você pede a ele nessa hora. Digamos que você descobre que isso é o que você espera (e pede verbalmente) de seu filho antes da escola:

- acordar em um horário razoável para se aprontar para a escola;
- tomar os medicamentos prescritos para o TDAH assim que possível;
- ir ao banheiro;
- vestir-se;
- fazer a cama;
- guardar o pijama na volta;
- guardar os brinquedos que estão no chão;
- colocar a roupa suja no cesto;
- escovar os dentes;
- pôr a tampa na pasta dental e guardar no armário do banheiro;
- limpar a pia do banheiro;
- pendurar a toalha molhada no cabide de toalhas;
- tomar café da manhã;
- colocar a tigela de cereal e o copo de suco na pia ou na lava-louças;
- arrumar todos os materiais necessários para a escola na mochila;
- deixar a mochila perto da porta;
- alimentar os bichos de estimação;
- pegar e pôr um casaco (se o tempo estiver frio);
- pegar dinheiro para o lanche ou almoço com os pais (se necessário);
- sair a tempo para pegar o ônibus, andar até a escola ou entrar no carro;
- dar um beijo na mãe e/ou no pai antes de sair de casa.

É uma lista bem longa, não é? Talvez você possa voltar ao passo 1 acima. É realmente importante que sua filha arrume a cama antes de ir para a escola, guarde o pijama na gaveta, limpe o banheiro ou ponha os pratos na lava-louças? *Tudo* o que você está pedindo é essencial? E tudo isso precisa ser feito nesse momento? Algumas dessas coisas que você pede podem ser deixadas para um momento melhor, de modo que ela concorde com o pedido?

3. Agora pergunte a si mesmo como você gostaria que esse momento do dia ou situação terminasse. Como Stephen Covey disse em seu livro *Os 7 hábitos das pessoas altamente eficazes*, você deve começar a situação com o fim em mente. Como você quer que a manhã termine? Você provavelmente quer que seu filho vá para a escola limpo, vestido adequada e confortavelmente, alimentado para o aprendizado do dia, equipado com os materiais escolares necessários e apoiado pelo conhecimento de que ele é amado e apreciado por você. A lista anterior ficaria assim com essas metas em mente:

- acordar em um horário razoável para se aprontar para a escola;
- tomar os medicamentos prescritos para o TDAH assim que possível;
- ir ao banheiro;
- vestir-se;
- fazer a cama;
- guardar o pijama;
- guardar os brinquedos que estão no chão;
- ~~colocar a roupa suja no cesto;~~
- escovar os dentes;
- ~~pôr a tampa na pasta dental e guardar no armário do banheiro;~~
- ~~limpar a pia do banheiro;~~
- ~~pendurar a toalha molhada no cabide de toalhas;~~
- tomar café da manhã;
- ~~colocar a tigela de cereal e o copo de suco na lava-louças;~~
- arrumar todos os materiais necessários para a escola na mochila;
- ~~deixar a mochila perto da porta;~~
- alimentar os bichos de estimação;
- pegar e pôr um casaco (se o tempo estiver frio);

- pegar dinheiro para o lanche ou almoço com os pais (se necessário);
- sair a tempo para pegar o ônibus, andar até a escola ou entrar no carro;
- ~~dar um beijo na mãe ou no pai antes de sair de casa.~~

Você acabou de eliminar 11 pontos de conflito em potencial! (Você pode argumentar contra algumas dessas exclusões, mas lembre-se de que, se seu filho arrumou a mochila, você pode lembrá-lo de ir buscá-la no quarto. E em vez de ganhar um beijo, é mais importante que **você dê** um.) Com a imagem clara de como você quer que a manhã acabe, descubra alternativas que tornem mais provável atingir esse fim. Isso é muito diferente do que acontece se não você não refletir sobre o problema. (Para mais ajuda, veja as referências mais adiante, neste capítulo, e os outros princípios deste livro.) Pensar com o fim em mente também ajuda a se concentrar no que é essencial fazer na próxima rotina matinal. Assim você pode considerar o que é melhor deixar de lado para conseguir que as coisas essenciais sejam feitas da maneira mais pacífica e respeitosa possível.

4. Pergunte a si mesmo: "Obedecer a esse pedido ajudará a construir o desenvolvimento e o funcionamento de meu filho?" Em outras palavras, quem se beneficia com o que você pediu a seu filho? Você, ele ou os dois? Só ordens que se foquem **nos dois** beneficiários devem ser prioridades agora. Pode não valer a pena discutir sobre excesso de trabalho, tarefas que a criança ou o jovem não pode começar ainda por causa de déficits de função e coisas que facilitariam sua vida, mas não constroem a autopercepção, competência, responsabilidade ou capacidade de manter atenção de seu filho. Você sabe que manter um horário para passear com o cachorro ajuda seu filho a aprender administração de tempo e responsabilidade. Mas se ele também tiver de fazer a lição de casa e arrumar o equipamento para treino de beisebol a tempo, talvez o passeio do cachorro possa ser passado para outra pessoa da família nesse dia. As outras tarefas da agenda escolar já ajudarão a construir administração de tempo e responsabilidade. Ou digamos que você tenha uma regra em casa de que todos os membros da família devem pendurar a toalha de banho e colocar todas as roupas sujas no cabide antes de sair de casa: cumprir essa regra todos os dias é importante se seu filho com TDAH tiver dificuldades de fazer outros requisitos mais importantes antes de sair de casa nessa manhã?

5. Pergunte a si mesmo se essa ordem tem de ser obedecida imediatamente. Talvez o que você quer que seu filho faça seja importante, mas agora é o melhor momento para pedir que faça essa tarefa, ou você só pediu porque lembrou e não parou para pensar se seria o melhor momento? Manter o quarto relativamente limpo e organizado pode ser de pouca ou moderada importância para seu filho e para você, mas de manhã antes da escola é o melhor momento para esse pedido? O fim de semana não seria melhor, quando não há nenhum horário rígido para atrapalhar, como ir à escola e ao trabalho?

6. Descubra o quanto é importante e urgente que esse pedido específico seja obedecido. Os conselhos anteriores não significam que você nunca deve pedir a seu filho que faça determinadas tarefas domésticas. Significam deixar alguns desses pedidos para o momento em que haja mais tempo para fazê-las e para que você as supervisione, e haja menos pressão para cumprir horário – elas podem ficar para depois da escola ou o fim de semana. Em resumo, você precisa decidir quais batalhas lutar com seu filho para que as coisas sejam feitas em um horário determinado e quais, pelo menos no momento, não valem a pena.

No trabalho, muitas pessoas usam o método dos quatro quadrados (ou matriz de Eisenhower) como um modo simples para entender suas prioridades. Escolha um pedido que normalmente cause conflito e pense em qual das 4 divisões da matriz ele se encaixa (veja na página ao lado).

Vezes demais, pedimos a nossas crianças e adolescentes que façam coisas que caem nas duas células da coluna direita: **Urgente, mas não importante** ou Não urgente e não importante (excesso de trabalho). A urgência pode fazer parecer que precisam ser feitas imediatamente, por isso tendemos a fazê-las. Mas quando examinadas mais de perto, as atividades podem não ser nada importantes. Esse é o tipo de coisa que você deve pensar em deixar de lado por algum tempo e não pedir a seu filho que faça. Pedir que esvazie todos os cestos de lixo da casa logo antes da hora de dormir pode parecer muito urgente se você acabou de lembrar que a coleta de lixo será amanhã cedo, mas na maioria dos casos, deixar

		Importante: Sim	Importante: Não
Urgente	Sim	Urgente e importante	Não urgente, mas importante
	Não	Urgente, mas não importante	Não urgente e não importante

que o lixo seja retirado no dia seguinte não é uma tragédia na estrutura mais ampla da vida.

O pedido pode não ser muito importante nem, no fim das contas, muito urgente. Pode ser adiado até as tarefas domésticas do fim de semana e ignorado nesse dia (ou noite) específico da semana em favor de objetivos mais importantes para seu filho (lição de casa, tempo em família) e para você (menos conflito, menos correria estressante em casa).

Um exemplo de algo **Não urgente e não importante** (posição embaixo à direita no diagrama) pode ser pedir à filha que arrume a cama antes da escola. Arrumar a cama tem pouco ou nada a ver com a preparação para ir à escola. E também não é uma prioridade para ajudá-la a se desenvolver bem. Sim, ser razoavelmente limpo e arrumado e cuidar do próprio quarto são coisas boas, mas não essenciais. Você se sente melhor quando a casa está arrumada, mas pode deixar esse aspecto da organização doméstica de lado algumas vezes? Ou, como sugerido antes, isso pode esperar até o fim de semana, se você achar que é importante que sua filha faça isso sozinha ou com você pelo menos em algum momento da semana?

Agora vamos pensar nas coisas da categoria **Urgente e importante**. Como nos negócios e em outros tipos de trabalho adulto, são o que todos nós fazemos com poucos problemas. A urgência garante nossa atenção e, em combinação com a importância, nos motiva claramente a lidar primeiro com elas. Por exemplo, a criança ou adolescente pode ter um projeto de Ciências ou um relatório sobre um livro para entregar na manhã seguinte, então passa a ser urgente que seja terminado antes da hora de dormir na noite anterior. E isso é importante porque é parte da nota. Se ignorarmos esses projetos, a criança é prejudicada, por isso devem ser feitos. Nas manhãs durante a semana, ter a criança corretamente limpa, vestida, alimentada e organizada para a escola, além de manter um relacionamento positivo e amoroso com ela, são também coisas importantes e urgentes.

Há outras coisas que queremos que nossos filhos façam que são **Não urgente, mas importante**. Esse é geralmente o ponto em que os pais precisam focar mais tempo e esforço para ajudar o filho a se desenvolver adequadamente, continuar bem ajustado e se preparar para a vida. Exemplos:

- respeitar os pais e outros parentes;
- conviver razoavelmente bem com os irmãos;
- ser sincero ao lidar com os outros (não mentir);
- fazer amizade com outras crianças;
- administrar adequadamente as emoções, especialmente em um contexto social (inibir agressão e moderar frustração);
- participar de atividades comunitárias organizadas (como clubes, grupos de escoteiros, esportivos ou da igreja);
- respeitar a propriedade e as posses dos outros tanto dentro quanto fora de casa;
- obedecer às leis;
- autocuidado adequado à idade (vestir-se, tomar banho, cuidar dos dentes);
- aceitar a responsabilidade pelas próprias ações e suas consequências.

Esses e outros domínios de funcionamento em atividades importantes da vida raramente são urgentes. Mas são extremamente importantes para o desenvolvimento e ajustamento geral da criança. Observe que eu reformulei o comportamento inaceitável (mentir, brigar, roubar) para alternativas positivas mais apropriadas. Isso é para que você se concentre no comportamento que quer incentivar, aprovar, recompensar e, de modo geral, apoiar de modo positivo. Falar do comportamento em termos negativos e inaceitáveis direciona sua atitude mental e sua atenção para punição e outros meios de desestimular comportamentos não apropriados. **É muito**

importante concentrar-se em recompensas *em vez* de punições, incentivar comportamento social positivo antes de agir para suprimir ações indesejadas, se necessário (veja o Princípio 7).

Sempre que você perceber que está para fazer pedidos que costumam desencadear discussões ou desafios, faça a si mesmo as três perguntas a seguir:

- "**Isso precisa ser feito** para promover o bem-estar do meu filho?" [Isso é Importante?]
- "Isso precisa **ser feito agora**?" [Isso é Urgente?]
- "Isso precisa ser feito **por meu filho** agora?" [De quem é a prioridade?]

Se a resposta a todas as três perguntas for sim, vá em frente. Mas em geral isso não acontece. No entanto, não posso dizer que você saberá imediatamente a diferença. Nós pais somos apenas humanos, e quando já estamos envolvidos em muitos conflitos que parecem inúteis porque

---

Uma ressalva importante

Ao determinar o que é urgente e importante o bastante para pedir a seu filho, você tem o direito de considerar seu próprio bem-estar. Manter sua casa perfeita em todos os momentos provavelmente não deve ser uma prioridade — especialmente acima do desenvolvimento saudável de seu filho e do bem-estar de toda a família —, mas se ficar rodeado por bagunça tornar impossível que você se concentre no que precisa ser feito no dia a dia, sem dúvida você precisa encontrar um ponto intermediário confortável. Talvez pedir ao filho que arrume a cama de manhã seja um modo de conter o caos em que você sente que está vivendo, e o excesso de estresse afeta o quanto você consegue estar presente para ser pastor de seu filho de maneira eficaz (veja o Princípio 3). Mas talvez haja outra maneira: O que parece mais estressante, deixar a cama desarrumada ou você mesma arrumá-la de vez em quando? O importante é que só você pode tomar suas decisões certas para seu filho com TDAH, para você e para toda a família. Eu vejo repetidamente, porém, que flexibilidade e concessão são cruciais para definir prioridades que funcionem bem para todos.

"seria tão fácil fazer o que eu pedi!", podemos exigir que as coisas sejam como desejamos. Mas se voltar um pouco atrás para observar à distância, com objetividade (o próximo princípio ajudará), você verá o que é realmente urgente e importante com mais clareza.

7. Se tiver dificuldade em ajustar suas prioridades, faça uma reunião de família (ou aconselhamento familiar). Em algumas situações, o conflito realmente domina a família e parece impossível dar um passo atrás e conseguir distância suficiente para redefinir prioridades. Quando isso acontece, por que não convocar uma reunião de família? Peça a todos que revisem os conflitos que estão surgindo e como podem ser evitados. Essa conversa pode resultar, mais depressa do que você pensa, em um consenso sobre como vários pedidos podem ser movidos para cima ou para baixo na lista de prioridades. Mas se isso não parece prático, ou se você tentar e a reunião gerar mais conflitos, pense em conseguir ajuda profissional.

Se você escolher a reunião de família, assegure-se de focar no assunto da reunião e não ser conduzido para outros assuntos que não sejam relevantes ou para problemas anteriores que não foram totalmente resolvidos. Concentre-se na tarefa com o procedimento de seis etapas a seguir.

1. Defina o problema o mais especificamente possível: escreva-o no topo de uma folha de papel.
2. Convide todos os membros da família que puderem participar para dar sugestões para lidar com esse problema. Considere até mesmo as ideias exageradas, impraticáveis, além das mais óbvias.
3. Não faça nenhuma crítica nem retruque durante a conversa, o objetivo é encontrar uma solução.
4. Depois que a lista parecer boa, com várias ideias anotadas, volte e peça a cada membro da família que pense em soluções específicas. Se houver três membros da família, cada um pode dizer "mais" se gostar, "menos" se não gostar ou "zero" caso se sinta neutro em relação à ideia (a pessoa pode viver com essa solução e não sente nem bem nem mal em relação a ela). Marque um símbolo ao lado de cada solução potencial (+, -, 0) de acordo com a opinião de cada um.

5. Depois desse breve período de avaliação, examine a lista para ver a solução com a qual a maioria das pessoas concorda ou se sente neutra. Escolha essa solução, faça um círculo em volta dela e planeje experimentá-la na semana seguinte. Se for útil, peça a cada membro que escreva sua inicial na folha de papel para indicar que concorda em seguir essa solução no momento.

6. Depois de 1 ou 2 semanas, convoque outra reunião de família para revisar o quanto essa solução inicial ajudou a lidar com o problema. Faça revisões no plano, se necessário. Depois, experimente de novo por mais 1 ou 2 semanas.

Existe um lado bom de viver no agora (ignorando o tempo)?

A resposta é "Algumas vezes, mas não o tempo todo". Do mesmo modo que entendemos que ter um problema crônico de não perceber nem administrar bem o tempo pode ser desastroso (veja a **Introdução**), também sabemos que ser excessivamente obcecado com o tempo e o preparo para o futuro é problemático, para não dizer muito estressante. Você quer que as tarefas de seu filho sejam feitas a tempo, mas, novamente, é importante considerar as prioridades.

Preocupação excessiva em se preparar e fazer as coisas a tempo pode impedir de desfrutar o momento. Ao definir prioridades para você e seu filho com TDAH, tenha isso em mente. O prazer na vida está, muitas vezes, em apreciar o agora e sair do programado. Por que você acha que atenção plena, meditação, ioga, budismo, álcool e maconha são tão populares? Por meios diferentes, todos servem para levar o tempo de volta ao agora ou ao momento e à realidade que nos rodeia. É também por esse motivo que curtimos as férias: para sair da esteira da administração do tempo.

As pessoas com TDAH são mais envolvidas e atentas ao agora, e não ao futuro, por isso podemos achar que elas têm muito menos problemas e podem até ter vantagem em uma crise. Por definição, as crises não são planejadas nem previstas, exigem que lidemos com os problemas que estão acontecendo no momento e tomemos decisões rápidas. As pessoas com TDAH podem não ter desvantagem em situações que favorecem lidar com o aqui e o agora e fazer isso de modo decisivo em vez de refletir sobre o futuro e como planejá-lo. Médicos e soldados com TDAH me contaram que se saíam igualmente bem ou melhor do que os colegas ao lidar com crises no Pronto-Socorro ou na batalha.

As crianças com TDAH vivem no agora e dão mais atenção ao agora do que as outras pessoas, mas pensam menos no futuro. Embora eu queira que você ajude seu filho com TDAH a dar mais atenção ao tempo, ao futuro, e a fazer o trabalho no prazo, a meta deve ser ter bom equilíbrio entre dar atenção ao tempo, ao futuro, aos projetos, às tarefas, aos prazos, mas permanecer conectado com o agora e apreciá-lo.

---

8. Se um pedido que você quer fazer for aprovado no teste das três perguntas, experimente usar outros princípios deste livro para fazer o pedido de modo eficaz.

- Seja proativo (por exemplo, defina um plano de transição antes de começar a atividade) (Princípio 12).
- Trabalhe para que sua criança ou adolescente se torne mais responsável – com supervisão mais frequente e próxima enquanto a criança está trabalhando e com consequências imediatas (Princípio 6).
- Mantenha as instruções no mínimo possível e bem pessoais (toque mais, fale menos) (Princípio 7).

PRINCÍPIO

5

PATERNIDADE CONSCIENTE
Esteja presente e atento

Sabemos que apesar de estarmos próximos de nossos filhos, é possível não *estar* realmente com eles no sentido de ficar atento ou mesmo sociável. Mesmo quando estão bem ao nosso lado, podemos estar no celular ou *tablet*, imersos em *e-mails* e redes sociais. Ou os pais podem estar com o pensamento distante, preocupados com trabalho que precisam fazer amanhã e metas que precisam alcançar na próxima semana ou no próximo ano ou ruminando o que aconteceu ontem ou no mês passado e poderia ter sido diferente. No capítulo anterior, expliquei que é um erro nos tornarmos escravos do tempo e, no entanto, todos fazemos isso porque nunca parece haver tempo suficiente.

> O PROBLEMA: Os pais ficam preocupados mentalmente demais quando estão com os filhos, perdendo oportunidades de promover um comportamento melhor ou um relacionamento melhor com eles.

Todas essas demandas do tempo e da mente lhe distraem do que geralmente você mais valoriza na vida: seus filhos. E quando seu filho tem TDAH, o relacionamento já corre risco devido ao estresse e ao conflito das rotinas diárias. O Princípio 4 sugeriu maneiras de evitar a repetição negativa de demandas constantes que ameaçam o relacionamento entre vocês. Aqui eu quero ajudar você a levar esse esforço um grande passo adiante, ensinando-lhe maneiras de evitar que seu tempo, atenção e emoções sejam sequestrados, para que possa investi-los em criar e manter um relacionamento próximo com seus filhos, que continuará durante toda a vida.

Um bom pastor tem de estar atento. Uma boa mãe tem de estar com sua filha simplesmente por quem a filha é. A boa mãe de uma criança com TDAH tem de se esforçar para mais dar atenção aos aspectos positivos e apreciar sua filha e a si mesma.

A SOLUÇÃO: **Torne-se um pai/uma mãe consciente e atento(a).**

> Nada traz mais humildade, é mais desafiador e mais doloroso do que criar um filho. Não dá para desistir nem se esconder, nem há 'linha de chegada'. Portanto, por autopreservação, devemos cultivar a gentileza e a compaixão no momento, principalmente em relação a nós mesmos.

Essas palavras de Lisa King, uma assistente social certificada que ensina atenção plena, são duplamente verdadeiras em relação à criação de filhos com transtorno do desenvolvimento neurológico como o TDAH. Os estresses e desafios são ampliados pelas maiores dificuldades dessas crianças, os atrasos no desenvolvimento, os mal-entendidos das outras pessoas sobre como criá-las, e a necessidade de engajar profissionais e seus tratamentos no serviço. Acrescente a possibilidade de você também ter TDAH e as dificuldades se tornam mais difíceis de superar. O que você pode fazer? **Parar de permitir que seus pensamentos e emoções, ruminações, distrações, tecnologia inteligente e redes sociais afastem você do relacionamento com seu filho ou adolescente com TDAH**. Como fazer isso? Cultivando a atenção plena.

A atenção plena aumenta o bem-estar. A atenção plena e a prática da meditação de atenção plena se espalharam em nossa cultura nas décadas recentes por uma boa razão: como uma atitude, uma mentalidade ou uma postura em relação à vida e, em especial, ao lidar com os outros. As habilidades e a perspectiva que a atenção plena ensina têm mostrado repetidamente em pesquisas que:

- reduz o estresse na vida das pessoas;
- melhora a qualidade de vida;

- permite que lidem melhor com as fontes de sofrimento incluindo doença crônica, dor e morte próxima;
- ajuda as pessoas a ter mais contentamento, se não felicidade, não importa as circunstâncias da vida;
- contribui para relacionamentos melhores com os outros.

A atenção plena nos ajuda a apreciar a realidade da vida ao redor porque o leva a deixar de lado suas preocupações mentais, ruminações e o pensamento futuro (voltado para metas) e ficar mais consciente do momento e do que o rodeia. Todas essas formas de pensamento distraído chamam sua atenção e o afastam da realidade presente. Quando para de prestar atenção nos seus pensamentos, você observa que onde está agora é muito maravilhoso e milagroso, muito mais do que seu ambiente pode parecer quando você está totalmente concentrado nas responsabilidades e frustrações mundanas com que tem de lidar. A atenção plena nos ensina que deixar de lado periodicamente o pensamento direcionado a metas e a propensão geral da mente para vagar e, em vez disso, concentrar os sentidos e a atenção mais geralmente naquilo que está presente no momento traz mais apreciação pela própria vida e pela dos outros, mais paz conosco e com os outros, além de um senso maior de unidade com a vida e o mundo.

A atenção plena nos incentiva a apreciar o que está ao redor, em especial nossos filhos. *Não esteja apenas ali; ESTEJA realmente com eles naquele momento e naquele lugar.*

A atenção plena ajuda a nos livrar dos "serias" e "deverias" que apenas nos tornam miseráveis. Muitas pessoas pensam na atenção plena, especialmente na meditação, como uma prática budista, mas você não precisa adotar nenhuma crença religiosa para desenvolvê-la e praticá-la. Na verdade, para mim, a atenção plena é uma forma valiosa de terapia cognitivo-comportamental, o tratamento que ajuda a mudar nossos pensamentos e comportamentos para alterar como nos sentimos. A atenção plena mostra que, quando paramos intencionalmente de pensar demais sobre as coisas e deixamos de estar tão preocupados internamente, nos livramos dos "deverias" e "serias", como dizem os terapeutas cognitivo-comportamentais — pensamentos sobre o modo que o mundo deveria ser ou que gostaríamos que fosse. É essa ruminação mental e esse anseio pelo que queremos – e muitas vezes, não podemos ter – que são a base de grande parte do sofrimento na vida. Esse é um princípio essencial da terapia cognitivo-comportamental e não apenas da atenção plena. Os pensamentos e as emoções associadas a eles podem ser nossos piores inimigos e as maiores fontes de perturbação. Quando você está constantemente concentrado em como seu filho com TDAH *deveria* se comportar ou naquilo que você *deveria* fazer para manter sua casa funcionando, não consegue ver a criança unicamente adorável à sua frente nem desfrutar a maravilha de ser a mãe ou o pai dessa criança.

A atenção plena nos dá o senso de pertencer a alguma coisa maior do que nós mesmos. Essa atitude nos ensina a sentir e valorizar a totalidade do momento imediato e daquilo que nos rodeia, incluindo o fato de que somos parte de algo e não separados, como a preocupação mental muitas vezes nos faz sentir. Um estudo recente mostrou que a maior felicidade ou, com mais exatidão, o senso de contentamento atribuído a indivíduos religiosos, não é na verdade resultado da religião. Ele provém do senso de unidade com a realidade e com o Universo que anima religiosos, não religiosos e ateístas ou humanistas. Ao promover o senso de pertencer a algo maior do que nós mesmos e ser parte integral da vida e do Universo, pode-se atingir o mesmo grau de contentamento. Assim, podemos ter compaixão por nós mesmos, como sugere Lisa Kring, e por nosso filho, como partes integrais do mundo em que existimos agora e em todos os momentos.

Assim, minha principal recomendação para estar presente e atento é praticar a forma secular da atenção plena, especialmente quando você estiver com seu filho, e talvez meditação. É uma ótima forma de reduzir o estresse de criar um filho, obter algum grau de contentamento com sua vida como ela é, apreciar, cuidar dele e até mesmo aprovar seu filho como ele é (e não como você quer que seja), e assim construir um relacionamento mais calmo e duradouro com ele.

Ao ser um pai com atenção plena, você passa a reconhecer seus próprios pensamentos, emoções e gatilhos emocionais e substituir as reações automáticas — aquelas respostas reflexas das quais você pode se arrepender — por ações com atenção plena. Mas o mais importante é que você passa a perceber, a dar atenção e a apreciar seu filho não só por seu bom comportamento, mas pela própria existência dele na sua vida. Em especial, se você sente que o relacionamento com seu filho é só sofrimento, criar os filhos com atenção plena pode ser a melhor solução.

Para desenvolver o novo hábito de estar presente e atento, eu o incentivo a usar a atenção plena dos quatro modos a seguir.

1. Pratique a atenção plena quando estiver sozinho, como se fizesse meditação. Pense nesses períodos como exercícios de prática, como os que são feitos para melhorar em um esporte ou outra habilidade.

2. Estenda a atenção plena a momentos especiais de lazer com seu filho ou momentos de interação com seu adolescente usando um método desenvolvido há mais de 40 anos por Constance Hanf, PhD, um dos meus mentores, que tenho ensinado a milhares de pais no meu programa de treinamento comportamental para pais.

3. Estenda esse tipo de interação com seu filho ao lazer independente dele. De vez em positivo quando, encontre-o e pratique brevemente a atenção plena e apreciativa daquilo que ele estiver fazendo, mesmo coisas pequenas, que você considere, pró-social ou satisfatório.

4. Expanda esse padrão de criação de filhos com atenção plena aos episódios em que sua criança ou adolescente esteja satisfazendo seus pedidos ou realizando outras tarefas.

Como Jon Kabat-Zinn disse tão bem em uma entrevista a respeito de seu livro sobre criação de filhos com atenção plena, intitulado *Everyday blessings*:

> A criação de filhos com atenção plena é uma prática para a vida toda. Isso significa que você se torna menos apegado aos resultados e mais atento ao que está se desenvolvendo em sua vida e na vida de seus filhos. A criação de filhos com atenção plena tem a ver com atenção momento a momento, com coração aberto e sem julgamento. Tem a ver com enxergar nossos filhos como eles são e não como queremos que sejam. Deixamos tudo que ocorre na vida ser o currículo para nosso modo de criar filhos porque é assim, quer gostemos ou não.

Praticar a atenção plena sozinho: exercícios de meditação

O propósito aqui é que você pratique a atenção plena e fique atento a todos os sentidos, ao mesmo tempo que tenta não pensar demais e deixa a mente perceber mais plenamente você mesmo e o que o rodeia. É melhor fazer isso, inicialmente, com os olhos fechados. A visão é nosso sentido dominante, e as coisas que vemos ao redor desencadeiam cadeias de pensamento que nos distraem fazendo com que não estejamos realmente presentes, atentos e até nos impedem de apreciarmos o momento. É por isso que as pessoas fecham os olhos quando meditam, acho. É muito mais fácil dominar os sentidos e, portanto, a mente, quando o sentido dominante é desligado ou, pelo menos, restringido inicialmente. Assim, por 15 a 20 minutos diariamente, ou pelo menos quatro vezes por semana, separe um tempo para ficar sozinho em algum lugar em um ambiente relativamente sem distrações. Pode ser qualquer lugar em que você possa ficar sozinho por 15 minutos. Eu costumo fazer isso no meu consultório, em centros de conferências quando encontro uma sala vaga, no meu carro enquanto espero meu neto sair da escola e, é claro, em casa. "*Onde quer que você vá, é você que está lá: um guia prático para cultivar a atenção plena na vida diária*" é o título de um dos livros mais conhecidos de Jon Kabat-Zinn. Então, encontre um espaço reservado e execute as etapas a seguir.

- Adote uma posição **sentada ou reclinada** (não se deite; você pode adormecer).
- Feche os olhos (relaxe as pálpebras suavemente, não com força).
- Faça uma **respiração profunda** e, depois, expire lentamente. Repita uma ou duas vezes se achar que isso ajuda você a relaxar. Depois, só respire lenta, regular e naturalmente como se estivesse adormecendo. Mas não durma.
- **Examine seu corpo.** Primeiro, examine a tensão muscular, como eu gosto de pensar. Comece pela cabeça e pescoço e se concentre em relaxar os músculos nessas áreas. Acho que ajuda mexer um pouco para um lado e para o outro. Ou tensione esses músculos e depois deixe que relaxem, se isso ajudar a aliviar qualquer tensão. Então vá descendo pelo corpo e pelos grandes grupos musculares:

ombros, braços, peito, abdômen, pernas e pés. A seguir, faça um exame sensorial. De novo, comece pela cabeça, pescoço e rosto e se concentre no que está sentindo naquela área do corpo neste momento. Pressão, calor, contato com coisas como roupas ou superfície da cadeira? Apenas se concentre nisso. Se sentir alguma tensão, tente relaxar esses músculos novamente. Continue descendo devagar, prestando atenção simplesmente ao que sente em cada região. Eu faço esses dois exercícios porque isso começa meu período de meditação com atenção plena, me ajuda a parar de pensar e a dar atenção a minhas impressões sensoriais.

- **Examine a situação.** É como seu exame sensorial, mas agora você vai examinar o que o rodeia com os sentidos exceto a visão, dando atenção ao que ouve ou sente de outra forma. O importante é só tomar consciência, sem pensar muito. Um relógio está tiquetaqueando? Você ouve a bomba de um aquário ou o funcionamento da geladeira? Consegue ouvir o sistema de climatização ou o trânsito, pássaros ou outros sons no exterior? Apenas os escute e siga adiante.
- **Escolha um foco de atenção** para sua mente; depois se concentre nisso. Você vai passar de examinar seu corpo e o que o rodeia para um exercício um pouco mais difícil, que concentra seus sentidos e mente em uma coisa recorrente. Geralmente é sua respiração ou batimento cardíaco, mas pode ser qualquer coisa dentro de você ou no exterior (relógio tiquetaqueando, sons repetitivos) em que você achar fácil prestar atenção e voltar para ele se sua mente vagar, o que é quase certo que vai acontecer. Algumas vezes, eu fecho os olhos e me concentro na respiração. Depois, passo para o que tiver vontade, como "olhar" para um ponto distante mesmo que os olhos estejam fechados. Estou olhando para o vazio como se algo na distância aparecesse em minha imagem mental. Você não precisa fazer isso se parecer estranho. Só encontre um ponto para ser o foco da atenção no qual você se concentre com a mente. Você pode criar um foco se quiser, simplesmente cantarolando baixinho ou só mentalmente.
- **Evite pensar em qualquer coisa**. Permaneça no ponto focal o máximo possível. Com certeza, a mente de todas as pessoas querem

vagar nesse estado; a sua também. Assim, se surgirem pensamentos, não se preocupe com eles. Só os observe, reconheça o aparecimento deles, dê adeus e deixe-os passar. Agora, volte a atenção de novo ao seu foco. Não se demore nos pensamentos, nem os siga, interprete ou julgue de modo algum. Apenas observe que eles aconteceram, depois os libere como se fossem uma borboleta e retorne ao ponto do foco da atenção.

- **Esteja consciente das sensações enquanto presta atenção no ponto focal.** Embora eu esteja concentrado no meu ponto focal, também percebo que tenho senso ampliado de outras coisas, como o contato com o que me rodeia, sons e até mesmo meus estados internos. Como no caso dos pensamentos ocasionais, eu os observo e depois retorno a meu ponto focal. Esse senso ampliado das redondezas é parte da atenção plena. Muitas pessoas entendem que é isso que os faz sentir que são parte do que as rodeia, que estão integradas com o ambiente e com o universo mais amplo. É como se você fosse um fio entremeado no tecido desse momento em realidade. A maioria das pessoas acha que esse é um sentimento muito pacífico e contente. Eles estão embebidos no sentido desse momento e do que os rodeia.
- **Permaneça nesse fluxo de momentos e "agoras" por aproximadamente 15 minutos ou mais e, depois, abra os olhos.** Permaneça parado. É como acordar do sono. Apenas fique visualmente consciente do que está à sua volta. Continue a respiração relaxada e observe todas as coisas que o rodeiam. Deixe os olhos vagarem em todo o campo visual, absorvendo tudo. Eu gosto de dar atenção às cores, texturas, arranjos espaciais e outras características das coisas que me rodeiam na sala, incluindo padrões de luz e sombra, como um artista faria se estivesse pintando a cena. Mais uma vez, deixe passar os pensamentos sem contemplá-los e os libere. Tente ficar assim por alguns minutos. Depois, levante-se lentamente e volte a suas atividades usuais. Observe que você fará isso com um senso ampliado das coisas ao redor e estará mais focado no agora, com atenção plena a si mesmo e ao contexto.
- **Durante todo o dia, pratique minutos de atenção plena.** Só pare por um minuto, de tempos em tempos, durante o dia e pare o

pensamento de modo a apenas perceber, sentir e dar atenção àquele próprio momento. Você está tentando ficar em estado de atenção plena sempre que precisar. E precisará disso quando estiver com sua criança ou adolescente com TDAH. Então, pratique estar nesse momento e ambiente por um ou dois minutos e, depois, continue seu dia. Recomendo que você pratique esses exercícios de atenção plena alguns dias antes de passar para a próxima etapa.

Quando se sentir estressado, use o método PARE.

1. **P**are o que estiver fazendo. Faça uma breve pausa para dar tempo a si mesmo de ficar mais consciente de si e do que o rodeia.
2. **A**spire. Inspire lenta e profundamente e depois expire devagar. Faça isso algumas vezes para se acalmar.
3. **R**epare. Observe você mesmo, o ambiente e o que pode estar acontecendo ao redor mais plenamente: o que está acontecendo dentro de você, fora de você e à sua volta.
4. **E**scolha. Com essa pausa de atenção plena, você tem muito mais chances de escolher uma ação genuína, eficaz e adaptativa ao continuar a lidar com a situação: uma ação que promova seu bem-estar no longo prazo e seu relacionamento com sua criança ou adolescente com TDAH.

Por quanto tempo você deve fazer isso antes de passar para a prática descrita na próxima seção? Cada pessoa é diferente em relação à rapidez com que absorve esse estado mental de atenção plena. Você decide quando está pronto.

Pratique a atenção plena com seu filho durante momentos especiais de lazer: dê atenção ao bom comportamento

Na melhor das hipóteses, os exercícios de prática mostraram que você pode iniciar facilmente um estado de atenção plena sempre que tiver alguns minutos. Embora a prática de meditação com os olhos fechados ajude a entrar nesse estado totalmente atento ao agora, o objetivo desses exercícios é ajudar você a fazer isso com os olhos totalmente abertos.

Esse momento de lazer focalizado na criança envolve separar 15 a 20 minutos a cada dia como um momento especial para brincar, dar atenção, aprovar, reconhecer, apreciar e estar plenamente atento a seu filho no momento. É uma prática tão valiosa quanto um bom investimento. Como prática, prepara você para os exercícios posteriores de dar atenção ao filho o dia todo, especialmente quando ele obedece a seus pedidos. É um investimento naquilo que vai melhorar seu relacionamento com ele, portanto, tem retorno sobre o tempo que você investiu. Todos querem se sentir apreciados. **Quando as crianças se sentem apreciadas, têm mais respeito por quem cuida delas e ficam mais dispostas a ouvir, obedecer e ser mais úteis para essas pessoas**.

Descobri que fazer esses exercícios de lazer quatro ou cinco vezes por semana ajuda os pais a se concentrarem e apreciarem o comportamento e as boas qualidades que a criança costuma exibir nesses momentos de lazer especiais. E isso não é complicado. Você certamente sabe que as pessoas que são consideradas os melhores gestores, os melhores membros de equipes e os melhores amigos e parceiros são os que parecem estar atentos e nos apreciam quando estão conosco. Quando nos sentimos pouco apreciados, frequentemente mudamos de emprego, saímos de equipes, nos divorciamos e terminamos amizades. **Seu filho pode se sentir da mesma maneira se tudo o que você faz é dar ordens, discutir e ignorá-lo quando ele se comporta razoavelmente bem – quando você fica preso nas redes sociais ou faz ameaças em relação ao futuro, por exemplo**. O quadro a seguir traz instruções passo a passo para você dar atenção a seu filho em momentos de lazer.

Dar atenção ao bom comportamento de seu filho nos momentos de lazer

A atenção ao comportamento de seu filho nos momentos de lazer envolve os itens a seguir.

1. Se seu filho tem menos de 9 anos, escolha um horário a cada dia como um "momento especial" com ele — depois dos outros filhos irem à escola de manhã, ou depois da escola, ou depois do jantar se você trabalha fora de casa. Nenhuma outra criança deve estar envolvida. Separe de 15 a 20 minutos. Se seu filho tem 9 anos ou mais, simplesmente encontre um momento a cada dia quando ele parecer estar envolvido em uma atividade de brincadeira sozinho. Pare o que estiver fazendo e se junte à brincadeira, seguindo as instruções dos próximos itens.

2. Para uma criança mais nova: na hora designada, diga: "É nosso momento especial de brincar juntos. O que você quer fazer?". No caso de uma criança mais velha, pergunte se você pode se juntar ao que ela estiver fazendo. Deixe que seu filho escolha a atividade, que não pode ser TV. Tirando isso, não assuma o controle.

3. Relaxe e entre na brincadeira naturalmente. Não comece esse momento de lazer quando estiver perturbado, ocupado ou com horário para sair de casa.

4. Depois de observar a brincadeira de seu filho, comece a narrá-la, mostrando entusiasmo para transmitir a ele que você acha a brincadeira interessante. Pense em si mesmo como um comentarista esportivo. As crianças pequenas gostam muito disso. Com crianças mais velhas, você pode comentar a brincadeira, mas menos.

5. Não faça perguntas nem dê ordens! Isso é crucial. Evite questionar a criança, a não ser para esclarecer como a criança está brincando, se não tiver certeza do que ela está fazendo. Não dê ordens nem instruções e não tente ensinar nada.

6. De vez em quando, diga a seu filho expressões positivas de elogio e aprovação ou *feedback* positivo sobre a brincadeira. Seja preciso e sincero, sem elogiar demais. Por exemplo, "Gosto quando brincamos calmamente desse jeito", "Eu gosto muito de nosso tempo especial juntos" ou "Veja como isso que você fez ficou legal...".

7. Se seu filho começar a se comportar mal, simplesmente vire para outro lado e olhe para outro lugar por alguns momentos. Se o comportamento ruim continuar, diga que o tempo especial acabou e saia da sala. Diga a ele que você vai brincar com ele mais tarde, quando se comportar bem. Se a criança ficar extremamente disruptiva, destrutiva ou abusiva durante a brincadeira, discipline-a como faria normalmente.

Sugestões para dar *feedback* positivo e aprovação a seu filho

Sinais não verbais de aprovação

Abraço	Sorrir
Tapinha na cabeça ou no ombro	Um beijo leve
Carinho no cabelo	Fazer sinal de "positivo"
Colocar o braço ao redor da criança	Dar uma piscadela

Aprovação verbal

"Gosto quando você..." "É legal quando você..."
"Com certeza você é um garoto grande que consegue..."
"O modo que você... foi incrível" "Ótimo trabalho!" "Muito bem!"
"Incrível!" "Maravilhoso!" "Fantástico!"
"Você com certeza parece crescido quando..." "Sabe, 6 meses atrás você não conseguia fazer isso tão bem como faz agora. Você está mesmo crescendo depressa!" "Lindo!" "Uau!"
"Espere até eu contar a sua mãe/seu pai como você..."
"Que coisa legal de fazer..."
"Você fez tudo isso sozinho. Muito bem."
"Só por você se comportar tão bem, nós vamos..."
"Sinto muito orgulho de você quando..."
"Gosto muito quando nós ... desse jeito."

Observação. Adaptado do meu livro *Defiant children, third edition,* Copyright © 2013 The Guilford Press.

Praticar atenção plena a seu filho durante o dia

Quando você se sentir confiante de que pode usar a atenção plena em momentos de lazer com seu filho, passe a dar atenção plena a ele durante todo o dia. Com uma criança que tem TDAH, os pais tendem a "não mexer em quem está quieto", ignorando a criança que não está sendo disruptiva e parece ocupada. É compreensível usar esse tempo para fazer outras coisas, mas você pode estar perdendo muitas oportunidades de incentivar o comportamento independente ao ignorá-lo. Especialmente se, em vez disso, você só der atenção a seu filho quando ele se comportar mal. Inadvertidamente, está ensinando a criança que se comportar mal é a melhor maneira de conseguir sua atenção. Então, faça o contrário.

Procure momentos em que seu filho esteja fazendo algo sozinho, mas perto o suficiente de você. Vá até onde ele está, observe brevemente o que está fazendo, reconheça, aprove e aprecie — trabalhando ou brincando de modo independente enquanto você faz outras coisas.

Isso leva só alguns minutos, mas não é fácil lembrar-se de fazê-lo com frequência. Experimente colocar um alarme no celular, no forno da cozinha ou no micro-ondas, ou programe um cronômetro para tocar a cada 20 ou 30 minutos. Quando o alarme tocar, procure sua filha e, se ela estiver se comportando bem, observe e aprecie. O modo de criar uma situação em que sua filha tem de se comportar bem para receber atenção está descrito em um dos quadros a seguir.

Dar atenção plena à brincadeira independente

Muitos pais reclamam que não conseguem falar ao telefone, fazer o jantar, visitar um vizinho, e assim por diante, sem que a criança interrompa o que estão fazendo. Os passos a seguir foram planejados para ajudar você a ensinar seu filho a brincar independentemente quando você precisar se ocupar com outra atividade.

1. Quando você estiver para se ocupar com um telefonema, uma leitura, o preparo do jantar e assim por diante, dê a seu filho um comando direto que (a) diga à criança o que ela deve fazer enquanto você está ocupado e (b) especificamente diga à criança para não interromper nem incomodar você. Por exemplo: "A mamãe tem de falar ao telefone, então eu quero que você fique aqui, assistindo à TV e não me incomode".

2. Então, ao começar a atividade, pare o que estiver fazendo por um momento, vá até a criança e a elogie por ficar afastada e não interromper. Lembre-a de ficar na tarefa designada e não incomodar você. Volte ao que estava fazendo.

3. Espere alguns momentos mais antes de voltar até a criança e, mais uma vez, elogiá-la por não interromper. Retorne à sua atividade, espere um pouco mais e, mais uma vez, elogie a criança.

4. Com o tempo, reduza gradualmente o número de vezes que você a elogia por não interromper e, ao mesmo tempo, aumente o tempo que fica em sua própria tarefa; elogie a criança a cada 5 minutos e, depois, aumente para 10 e 15 minutos.

5. Se perceber que seu filho está para interromper você, pare imediatamente o que estiver fazendo, vá até ele, elogie-o por não interromper e redirecione-o para continuar a tarefa que você lhe deu.

6. Assim que terminar a tarefa, faça um elogio especial a seu filho por deixar que você a concluísse. Você também pode, de vez em quando, dar a ele um pequeno privilégio ou recompensa por ter deixado você a sós enquanto trabalhava em seu projeto.

Observação. Adaptado de meu livro *Defiant children, third edition.* Copyright © 2013 The Guilford Press.

Praticar a atenção plena quando seu filho está obedecendo aos pedidos

Quando você se acostumar a dar atenção plena a seu filho ao brincar com ele ou quando estiver trabalhando em algo independentemente, comece a praticar a atenção plena e a apreciação quando seu filho obedecer a seus pedidos. O quadro a seguir explica como fazer isso.

Embora criar filhos com atenção plena não seja fácil e exija prática, esse hábito deve ser incorporado à sua rotina e ao modo que interage com sua criança ou adolescente com TDAH o máximo que você puder. Os benefícios retornarão para você de muitos modos que valem o tempo gasto e o esforço para aprender esta abordagem de criação de filhos com transtorno do desenvolvimento neurológico.

Dar atenção plena e aprovação quando seu filho obedece

A partir de agora, quando você der uma ordem, dê a seu filho *feedback* imediato em relação a como ele está se saindo. Não se afaste simplesmente, mas fique, dê atenção e comente positivamente.

1. Assim que der uma ordem ou fizer um pedido e seu filho começar a obedecer, elogie-o usando frases como estas:

"Gosto quando você faz o que eu peço."

"É bom quando você faz o que eu digo."
"Obrigada/o por fazer o que a/o mamãe/papai pediu."
"Olhe como você está fazendo isso bem (depressa, facilmente etc.)..."
"Bom/boa menino/menina..."

2. Se precisar, você também pode sair por alguns momentos, mas assegure-se de retornar frequentemente para elogiar a obediência de seu filho.

3. Se sua criança ou adolescente fizer um trabalho ou tarefa sem ter sido mandado, faça um elogio positivo especial ou mesmo dê um pequeno privilégio, que ajudará seu filho a lembrar-se disso e seguir as regras domésticas sem receber ordens.

4. Comece a usar atenção positiva com sua criança ou adolescente em praticamente todas as ordens. Faça um esforço especial para elogiar e dar atenção quando ele obedece duas ou três ordens, mesmo inconsistentemente.

PRINCÍPIO

6

PROMOVA A AUTOPERCEPÇÃO E A RESPONSABILIDADE DE SEU FILHO

Se você começou a aplicar as estratégias de atenção plena do Princípio 5, tem usado a apreciação atenta para incentivar o comportamento que deseja que seu filho apresente. Você provavelmente está colhendo também os benefícios de um relacionamento mais próximo e caloroso com ele. Com suas novas habilidades, agora você está preparado para ajudar seu filho a assumir parte da tarefa de monitorar o próprio comportamento, incentivando-o a continuar com o bom trabalho e a responsabilizar-se quando as coisas não vão tão bem.

> O PROBLEMA: Crianças com TDAH não monitoram o próprio comportamento e não têm muita consciência de si mesmas.

Como você sabe, por ter lido a **Introdução**, um dos pontos fracos das crianças com TDAH é a capacidade limitada de se monitorar, o que chamamos de autopercepção. Além disso, a responsabilidade pelas próprias ações é muito pequena. Afinal de contas, se você não tem consciência do que faz e, em especial, do que está fazendo errado, é difícil aceitar responsabilidade pelas próprias ações ou reconhecer que seu comportamento pode trazer consequências. Dependendo do contexto, "autopercepção" pode ter diferentes significados, mas eu me refiro aqui ao processo de a pessoa estar continuamente atenta ao próprio comportamento e sentimentos, saber se são apropriados para a situação e o esforço que precisa fazer em direção às próprias metas.

A capacidade de monitorar as próprias ações é importante para o bom funcionamento em todas as áreas da vida. As crianças que não percebem o que fazem e o que deveriam estar fazendo têm dificuldade de ser bem-sucedidas porque nem sempre sabem:

- comportar-se da maneira que gostariam em cada situação;
- aderir a normas sociais apropriadas para o comportamento nesse ambiente;
- ao fazer uma tarefa ou interagir com os outros, agir de modos que os levem a alcançar seus objetivos;
- avançar para cumprir essas metas;
- agir de modos adaptativos e eficazes para promover o próprio bem-estar no longo prazo;
- mostrar que reconhecem e aceitam a responsabilidade por suas ações.

Talvez você pense como seu filho funcionaria com o benefício desses aspectos de autopercepção. Você pode se perguntar "O que ele está pensando?" várias vezes ao dia. A resposta é que **seu filho não está pensando no que está fazendo nem nas consequências.** É como se o espelho no cérebro que muitas vezes seguramos para nós mesmos ao fazer autocrítica fosse menor ou distorcido nas crianças com TDAH.

Como Amanda Morin nota no site *Understood.org*, a autopercepção em crianças deve promover autoavaliação e inclui não só o reconhecimento das próprias ações, mas:

- reconhecer os próprios pontos fortes e fracos;
- identificar o que precisa ser feito para completar a tarefa;
- reconhecer erros nas tarefas escolares e fazer correções ou alterações;
- entender os próprios sentimentos e falar sobre eles;
- reconhecer as necessidades e sentimentos de outras pessoas;
- perceber como seu comportamento afeta os outros.

Quando os pesquisadores questionam as pessoas com TDAH sobre seu comportamento, elas mostram que não são tão conscientes quanto os outros a respeito do modo que estão se comportando ou quanto ao desempenho bom ou mau. Tanto crianças e adultos com TDAH costumam dizer que têm desempenho melhor ou que são tão competentes quanto os outros em tarefas ou áreas da vida em que estão se saindo pior do que os outros, como no desempenho escolar, amizades e na atuação como motorista. Não é difícil ver que essas distorções na autopercepção causam problemas para quem tem TDAH, e a observação casual nos diz que esses déficits trazem muitas dificuldades às crianças (e adultos) com TDAH. Mas poucas pesquisas foram feitas a respeito do impacto da fraca autopercepção, e menos ainda sobre como promover essa capacidade com autorreflexão e automonitoramento. Portanto, as soluções que enumero a seguir são fundamentadas em uma combinação de bom senso e do que sabemos sobre intervenções em outros transtornos que envolvem autopercepção falha.

A SOLUÇÃO: **Use métodos e ferramentas para revisar o comportamento no decorrer do dia da criança.**

Considere as estratégias a seguir como uma caixa de ferramentas e escolha os métodos que achar que podem funcionar melhor para seu filho, de acordo com a idade dele. É difícil os estudiosos avaliarem o funcionamento interno da mente, por exemplo: A criança está se monitorando nesse momento? Mas é possível mensurar se a tarefa atual está sendo realizada e, com base nisso, todos os métodos resultam em algum sucesso quando usados por pais e professores.

Seja um modelo e treinador da autopercepção

Como ocorre com praticamente todos os outros princípios deste livro, você é o melhor mestre que seu filho pode ter.

1. Seja um bom exemplo. Um modo muito simples de começar a ensinar seu filho a ter mais consciência de si mesmo é ser regularmente um exemplo para ele. É como fazer uma avaliação depois do acontecimento, o que você provavelmente faria após um evento em que sua eficácia é importante. Avaliar em voz alta como você se saiu em uma situação particular — o que fez, o quanto foi bom, quais erros acha que cometeu e o que pode fazer melhor da próxima vez. Se outras pessoas estiverem envolvidas, fale também sobre os sentimentos delas e as reações ao que aconteceu. Você já faz isso em situações no trabalho, em casa ou em reuniões sociais, como as festas que organiza. Você pode fazer a autoavaliação depois de uma reunião de pais e professores ou de uma consulta com seu advogado, consultor financeiro ou médico. Se procurar oportunidades para dar exemplo, você não só mostrará a seu filho como fazer autoanálise e lhe dará ideias para melhorar o comportamento, mas enviará a mensagem de que é seguro e normal fazer isso, sem nenhuma perda para o autoconceito ou a autoestima.

2. Narre uma cena social. Outro método, recomendado pela Learning Network (rede de aprendizagem) do *New York Times*, é ensinar autoavaliação social à criança ou ao jovem pedindo que se sente com você e observe uma situação social de outras crianças, como em um parque, *playground* ou *shopping*. Uma ideia é vocês fazerem de conta que são repórteres de TV e narrarem o comportamento das crianças que estão observando como se fosse um noticiário. Tentem adivinhar o que está acontecendo: como uma criança se sente com o que a outra fez e o que cada um de vocês faria se estivessem envolvidos. Relatem os comportamentos, as expressões faciais e outros aspectos que observarem, como tom de voz, e comentem se foram apropriadas ou não.

3. Entrevista. Outra maneira de apresentar a autopercepção a seu filho com TDAH é entrevistá-lo com gentileza e calma fazendo perguntas pessoais. Comece com perguntas fáceis: "Qual é sua altura?" e "Qual é a cor de seu cabelo?". Depois passe para capacidades e atividades: "Como você se sai no futebol?", "Você faz amigos com facilidade?", "Você se dá bem com sua irmã?". Você o leva a pensar nos próprios pontos fortes e fracos só perguntando em que matéria ele é melhor na escola, se prefere desenhar ou correr. Você também pode perguntar sobre sentimentos, por exemplo, como sua filha se sentiu em uma situação recente em que ela pareceu constrangida, confusa, frustrada ou brava. Não a interrogue, em vez disso expresse curiosidade e interesse. Quando faz essas perguntas, você está sendo um modelo para sua filha e mostra quais perguntas de autoavaliação ela pode fazer a si mesma. Adote uma abordagem suave, como se estivesse pensando em voz alta, ao fazer as perguntas.

Verificações aleatórias "Pare, olhe e ouça"

Uma das maneiras mais fáceis e comuns de ajudar as pessoas a se automonitorarem é levá-las aleatoriamente a prestar atenção ao próprio comportamento e a como estão se saindo em relação a uma meta ou padrão. Por exemplo, se estivermos em um jantar e minha esposa pensar que minha voz está alta demais (isso acontece) ou se o assunto é polêmico (muitas vezes), então ela dá um toque em minha canela por baixo da mesa dando uma dica para que eu preste atenção a mim mesmo. Não estou sugerindo que você comece a chutar a canela de sua filha para incentivar a autopercepção dela, estou afirmando que qualquer um pode se beneficiar de dicas ocasionais para parar e prestar atenção ao que está fazendo.

1. Use momentos aleatórios e consequências importantes quando ele não se monitorar. Digamos que você queira que as pessoas prestem mais atenção ao dirigir no limite de velocidade ou abaixo dele – você pode lembrá-las de olhar para o velocímetro com mais frequência ao dirigir. Alguns estados fazem isso colocando sinais nas estradas para alertar os motoristas de que a velocidade está sendo monitorada. Mas com o tempo as pessoas ficam tão acostumadas a essas dicas estáticas que elas perdem o impacto. É importante que as dicas sejam pouco frequentes, em momentos aleatórios, e que as consequências de ignorar a dica sejam firmes. Uma maneira que certamente fará os motoristas monitorarem a velocidade é colocar carros de polícia ou câmeras sensíveis à velocidade ao longo das estradas em momentos e locais inesperados. Com seu filho, é melhor começar a dar dicas aleatórias para que ele pare e examine o que estiver fazendo e se está ou não obedecendo às regras ou seguindo uma meta. Você pode então adicionar consequências para aumentar a probabilidade de que ele aprenda a fazer isso sozinho.

2. Use um alerta para lembrar-se de dar dicas. Tente fazer essa autoverificação aleatoriamente quando estiver com seu filho. Você pode só perguntar "Como estão as coisas?" como uma dica inicial. A parte difícil aqui não é usar a dica que escolher, mas lembrar-se de fazer isso. Você pode usar a função de alarme, cronômetro ou outro dispositivo do celular para se lembrar, o alarme do forno ou do micro-ondas ou um antigo cronômetro de dar corda. Simplesmente defina o alarme para soar em intervalos variados em ordem aleatória. Você pode definir o alarme para 5 minutos, depois 20, depois 10, 3, 25 e assim por diante. Sempre que o alarme soar, é a dica para ir até seu filho e dar a ele uma pista para ver "Como estão as coisas?" ou fazer uma verificação "Pare, olhe e ouça". Ensine a ele que quando você disser "Tá bom, é hora de parar, olhar e ouvir", ele deve parar, pensar no que estava fazendo, contar a você sobre isso e avaliar se estava se comportando bem nessa situação. Se tinha uma tarefa para fazer, ele deve lhe dizer quanto progrediu nessa tarefa, quanto falta para concluí-la e se o progresso está sendo bom ou muito lento.

3. Considere dicas em imagens. Nas salas de aulas para crianças com TDAH ou autismo, professores e ajudantes usam dicas de imagens, às vezes palitos de sorvete com ilustração de sinal de pare, olhos grandes e orelhas grandes grudadas na ponta do palito. O professor simplesmente levanta o palito de um lado para o outro no campo visual de uma criança para lhe dar a dica para parar e monitorar o que está fazendo. Obviamente, os professores têm mais probabilidade de fazer isso quando uma criança não está dedicando atenção ao que deveria estar fazendo. Você pode tentar essa técnica em casa: copie imagens da internet ou desenhe-as, cole-as em palitos para mostrar a sua filha enquanto ela estiver fazendo alguma atividade. Esse tipo de dica não verbal pode ser útil quando ela estiver fazendo a lição de casa ou uma tarefa doméstica, quando estiver brincando com uma amiga ou outra atividade na qual as coisas pareçam estar se deteriorando. Mas não convém usá-la quando a criança estiver desatenta, desobedecendo ou disruptiva. Você deve fazer essas verificações pontuais aleatórias para automonitoramento mesmo quando ela estiver atenta, comportando-se bem, obedecendo e, de algum outro modo, relacionando-se com os outros, porque promove a autopercepção em geral, não só a percepção do comportamento ruim.

A técnica da tartaruga

Quando eu estava supervisionando salas de aula do Jardim de Infância de crianças com TDAH em escolas públicas alguns anos atrás, nós ensinávamos às crianças que, sempre que falássemos a palavra *tartaruga*, elas deveriam agir como uma tartaruga surpresa: esticar os braços e as pernas para os lados, movimentar lentamente a cabeça para examinar a situação e, depois, ao contrário de uma tartaruga, perguntar a si mesmas o que deveriam estar fazendo naquela hora. Depois, teriam de dizer à professora o que deveriam estar fazendo. Em seguida, teriam de "sair do casco" e passar a fazer o que lhes pediram. Embora os professores tendessem a usar esse método quando as crianças não estavam seguindo orientações, nós incentivávamos o uso mesmo quando as crianças se comportavam bem. Novamente, o objetivo era promover a autopercepção geral do próprio comportamento e não só a percepção do comportamento ruim. As crianças que agiam como uma tartaruga quando ouviam a dica para fazer isso recebiam um carimbo de tartaruga com tinta lavável nas costas da mão. Mais tarde naquele dia, elas contavam seus carimbos de tartaruga e tinham o direito de brincar com brinquedos especiais que guardávamos na sala de aula. Fichas de pôquer ou outros objetos também eram "prêmios", além do carimbo. Os pais podem usar esse método para promover automonitoramento em casa, com crianças pequenas com TDAH.

O método do espelho

Anos atrás, encontrei um estudo sobre crianças com TDAH que examinou quanto essas crianças poderiam melhorar ao trabalharem sentados na carteira na escola se simplesmente tivessem de fazer as lições de frente para um espelho. Admiravelmente, as crianças mostraram aumento significativo na quantidade de trabalho que podiam fazer sem intervenção do professor. Pense em algo semelhante, usando um espelho, para ajudar seu filho a ter mais autoconsciência ao fazer a lição de casa ou outra tarefa.

Outra opção é apoiar um *tablet* ou celular na frente da criança com a câmera ligada e invertida de modo que ela possa ver a si mesma na tela enquanto trabalha. É claro, há o risco da tentação de jogar videogame em vez de trabalhar, mas mesmo com um espelho há o risco de a criança ficar fazendo caretas, por isso experimente também as outras abordagens a seguir.

Dicas discretas para crianças mais velhas

Crianças mais velhas e adolescentes não querem que os colegas os vejam recebendo uma dica verbal, por isso os pesquisadores criaram algumas maneiras não verbais de dar dicas que podem ser usadas não só na sala de aula, mas em vários lugares quando houver outras pessoas por perto.

1. A dica do clipe de papel. Para os adolescentes que tendem a largar a tarefa ou violar as regras da sala de aula, orientamos os professores a andar pela sala brincando com um clipe de papel, que eles derrubam discretamente perto do adolescente para dar a dica de que devem voltar à tarefa. Outros objetos podem ser usados, desde que o adolescente saiba antecipadamente o que o objeto significa. Em casa, um pai que conheço usava uma carta específica de baralho para dar dica a seu filho de que deveria voltar ao que estava fazendo.

2. O tom aleatório de gravação. No início de minha carreira, passei um ano envolvido no planejamento e na condução de uma sala de aula para crianças com TDAH de idades entre 8 e 10 anos. Para ensiná-los a se tornarem mais conscientes do que estavam fazendo quando deviam estar trabalhando sentados, fizemos uma fita de áudio com uma série aleatória de campainhas tocando. A campainha podia tocar após 15 segundos; depois após 2 minutos; 5 segundos depois; após 3 minutos; após 30 segundos, e assim por diante (como o aparecimento aleatório dos carros de polícia para lembrar aos motoristas de monitorar a velocidade). Quando a campainha tocava, as crianças deviam parar e perguntar a si mesmas se estavam fazendo o trabalho que tinham solicitadas a fazer. Se estivessem, faziam uma marca na coluna mais (+) em um cartão. Se não, faziam uma marca na coluna menos (-). No final da tarefa ou das atividades, eles subtraíam os sinais de menos do total dos sinais de mais para ganhar pontos que podiam usar mais tarde para um tempo especial de brinquedo, uso de brinquedos especiais ou pequenos lanches. Com professores monitorando para garantir que os estudantes não mentissem, o sistema funcionou muito bem e eles chegaram a completar mais de 95% do seu trabalho (sentados) no prazo, apesar de terem TDAH e serem tão facilmente distraídos. E pareciam estar muito mais conscientes de si mesmos enquanto trabalhavam e até mesmo murmuravam coisas para si mesmos sobre como precisavam se concentrar no trabalho se quisessem ter o número máximo de pontos. Você pode usar o mesmo sistema para seu filho fazer a lição de casa, uma tarefa doméstica ou brincar adequadamente com o irmão.

3. Sistema de dicas com vibração. Semelhante ao sistema de dicas com campainhas aleatórias, uma empresa desenvolveu um produto chamado MotivAider que usa breves sensações de vibração em vez de campainhas ou tons audíveis. É um pequeno dispositivo quadrado colocado no cinto ou no bolso da blusa ou preso a outra peça de vestuário. O dispositivo tem um alarme digital visível na frente e botões para configurar o alarme de modo que vibre em qualquer intervalo desejado, digamos a cada 3 ou 5 minutos. Quando o dispositivo vibra, a criança deve examinar se está fazendo o que lhe pediram. Há também um botão que, se pressionado, o dispositivo vibra em intervalos aleatórios. Usado desse modo, o dispositivo é simplesmente um meio de dica de automonitoramento, mas pode também ser parte de um sistema de recompensas. Quando o dispositivo vibrar, se a criança estiver trabalhando, registra um ponto em um cartão. Naturalmente, esse programa de recompensas é mais difícil de supervisionar porque o pai ou professor não tem como saber quando o dispositivo vibra. Assim, é necessário ter algum grau de confiança de que a criança ou adolescente seguirão as regras do programa de recompensas. Por outro lado, o dispositivo funciona bem como sistema de dicas não verbais sem recompensas.

Crianças como seus próprios modelos

Conheci este método para aumentar a autopercepção em uma pesquisa sobre tratamentos para déficits sociais e outros problemas associados ao transtorno do espectro autista (TEA). Descobriu-se que funciona bem para melhorar o comportamento de crianças com o transtorno. Não só elas ficam fascinadas ao se verem em uma gravação de celular brincando com outras crianças, mas podem lembrar-se de rever o vídeo depois, lembrar das conversas, ver o que fizeram tão bem como os outros, e ouvir sugestões sobre o que poderiam ter feito diferente se surgisse um problema na interação. Embora seja usado para promover capacidades sociais em uma criança com TEA, não há motivo pelo qual essa técnica não possa ser usada em crianças ou adolescentes com TDAH. Pode ocorrer que, na próxima vez que estiver na situação em que usou essa técnica, sua filha tenha mais probabilidade de lembrar que brincou com outras crianças e saber como interagir melhor com elas. Eu acho que há também uma aplicação mais ampla, como método para promover a autopercepção em situações problemáticas específicas, mesmo que a questão não seja o comportamento social problemático com colegas. A criança ou adolescente pode ser gravada por alguns minutos a qualquer momento do dia enquanto trabalha, envolvida em uma tarefa doméstica ou brincando com os irmãos, fazendo lição de casa, interagindo com colegas.

O método é mais ou menos assim: quando você estiver em uma situação em que seu filho possa se beneficiar de *feedback* a respeito de seu comportamento ou capacidades sociais, grave a situação em um vídeo, com o celular, por alguns minutos. Tente não ser invasivo nem óbvio demais, mas não precisa fazer segredo disso. Depois, assim que possível ao fim da situação, mostre o vídeo a ele e converse sobre o comportamento gravado. Comece com o que ele estava fazendo que era positivo e apropriado. Depois converse sobre o que você e ele veem na gravação que poderia ser melhorado. Fale sobre o que ele poderia ter feito diferente para se comportar melhor nessa situação.

Sessões de "revisão do dia" na hora de dormir

Os pais têm usado a hora de dormir para revisar o dia com as crianças há séculos, e você pode usar esse ritual diário para promover a autopercepção de seu filho ao repassar o que foi bom e o que não foi tão bom para ele. É importante evitar, nesse momento, listar todos os maus comportamentos da criança. Mantenha o tom suave. Tente começar com uma revisão de seu próprio dia (sendo um modelo, como já mencionado), depois, guie-o pela revisão do dia dele. As crianças pequenas podem precisar de dicas gentis se não conseguirem lembrar-se das principais atividades do dia; crianças mais velhas e adolescentes podem preferir escrever um diário sobre o que aconteceu, o que foi bem, o que foi mal e como poderiam lidar melhor com os problemas da próxima vez.

Ensinar meditação de atenção plena para crianças

No Princípio 5, incentivei você a aprender a atenção plena para se tornar mais consciente de suas interações com seu filho. Seu filho também pode se beneficiar da atenção plena. Mais de uma década atrás, Susan Smalley, PhD, na época pesquisadora da UCLA, realizou um estudo piloto no qual crianças com TDAH aprendiam atenção plena e a prática de meditação para reduzir os sintomas de TDAH. Ela relatou alguns resultados positivos encorajadores. Mas o estudo tinha várias falhas, por isso não deu prova definitiva de que as crianças ou adolescentes com TDAH podem se beneficiar com esse tratamento. Os estudos posteriores tentaram ensinar atenção plena a crianças com TDAH com resultados mistos, descobriram que os pais relatavam melhora no comportamento da criança e, em especial, obediência às instruções, enquanto os professores, que não estavam envolvidos no programa de tratamento, não notaram nenhuma mudança. Os resultados melhores foram obtidos com adolescentes com TDAH e, nesse caso, os professores notaram melhoras nos sintomas. Porém, mais uma vez, como as revisões recentes enfatizaram, a pesquisa não foi muito rigorosa e estudos mais bem planejados são necessários para determinar se essa técnica pode funcionar bem. Mesmo assim, alguns pais relataram que seus filhos pareceram ter mais autopercepção ao participar de aulas que ensinavam atenção plena e meditação. Assim, se essas aulas estiverem disponíveis nos arredores, e você achar que seu filho pode se beneficiar com elas, não há nenhum problema em inscrevê-lo. Elas podem até ensinar à criança um conjunto de habilidades para usar no gerenciamento de estresse e autorregulação emocional, como acontece também com você (veja o Princípio 5). Há vários livros que ajudam os pais a ensinar atenção plena a suas crianças e adolescentes e pelo menos um livro, *I am at peace: a book of mindfulness*, de Susan Verde e Peter Reynolds, é dirigido às próprias crianças.

O PROBLEMA: As crianças não podem passar muito tempo sem serem responsabilizadas.

Crianças com TDAH têm problemas para fazer as coisas ou para se comportar como instruído porque simplesmente não estão prestando atenção ao que fazem. As estratégias de automonitoramento já mencionadas podem ajudar muitas dessas crianças a se tornarem mais conscientes de si mesmas e de seu comportamento e, além disso, a ter mais sucesso na escola e em outros lugares. Mas a autopercepção é apenas o primeiro passo desse processo. O segundo passo é responsabilizar-se por suas ações e realizações (ou pela falta delas).

Como mencionado na **Introdução**, os déficits na função executiva tornam mais difícil às crianças com TDAH trabalhar de modo independente dos outros, sentir-se motivadas a manter o comportamento relacionado ao trabalho no decorrer do tempo para seguirem regras, promessas e compromissos, ou até mesmo a se lembrarem daquilo com que concordaram ou que outros lhes disseram.

Projetos de longo prazo e atrasos dificultam ainda mais que crianças com TDAH sigam etapas por si mesmas. Além disso, elas não costumam assumir responsabilidade por suas ações por causa da impulsividade, tendem rapidamente a culpar os outros pelo que deu errado ou pelo motivo de terem se comportado mal. Podem até mentir sobre sua conduta e dizer que não fizeram algo errado.

Por todos esses motivos, as crianças com TDAH precisam ser responsabilizadas com mais frequência do que outras da mesma idade para que se tornem mais autoconscientes, façam o que deve ser feito e se comportem com responsabilidade. Elas acabam aprendendo a fazer isso melhor por si mesmas, com o tempo, mas no início precisam de ajuda. Você descobrirá que o esforço vale a pena. Simplesmente instalar alguns auxílios para manter seu filho responsável elimina muitos conflitos e recriminações e torna a vida mais fácil para vocês dois. E vocês trabalharão juntos, em vez de serem adversários – este é o tipo de relacionamento que todos queremos ter com nossos filhos.

A SOLUÇÃO: **Torne-os mais responsáveis com mais frequência.**

Ser responsável inclui assumir suas ações, as coisas com que você concorda, seguir as regras ou instruções que recebeu, e administrar adequadamente as emoções. Obviamente, quando você ajuda sua filha a melhorar a autopercepção usando as estratégias da primeira parte deste capítulo, dá a ela uma base para que aprenda a responsabilizar-se pelas próprias ações. Você a está pastoreando para que tenha sucesso na idade adulta.

Transforme as verificações de responsabilidade em hábito

Você pode aumentar a responsabilidade das crianças com TDAH de diversas maneiras, além de trabalhar com o automonitoramento. Um modo óbvio é fazer uma verificação ou supervisioná-las com mais frequência enquanto realizam uma tarefa que concordaram em fazer. Leia aqui os componentes da verificação efetiva.

- Peça à criança que lhe diga o que está fazendo, mesmo que você esteja vendo.
- Dê incentivo, elogio, outras formas de aprovação e *feedback* positivo não só pelo trabalho que fez até o momento, mas por relatar honestamente o que está fazendo. Se quiser, acrescente pequenas recompensas pelo trabalho concluído até o momento.
- Diga à criança que você sabe que ela pode cumprir sua tarefa.
- Diga que você vai falar com ela dali a pouco tempo para ver o que está fazendo e como as coisas estão indo. Todos nós tendemos a continuar um compromisso quando sabemos que seremos responsabilizados por outras pessoas.

O que é importante nessas verificações é fazer perguntas usando linguagem positiva para evocar a autopercepção e a autorresponsabilização. Existe uma diferença crucial entre esse tipo de conversa e simplesmente pedir a seu filho que obedeça a alguma instrução – eu o incentivo a fazer muito menos (veja o Princípio 7). A seguir, algumas dicas que os pais acharam úteis para tornar as verificações mais eficazes.

1. Divida as tarefas em porções de trabalho muito menores do que outras crianças poderiam fazer sozinhas. Em vez de dar a seu filho, digamos, 25 problemas de Matemática para fazer, dê apenas cinco agora e verifique o que ele está fazendo frequentemente ou peça que avise quando terminar esses cinco. Depois, dê aprovação, elogio ou uma recompensa pelo trabalho antes de passar mais cinco problemas, e assim por diante. A cada vez, simplesmente atribua uma tarefa relativamente breve e fácil de cumprir junto com incentivo para que seja concluída. Fazer intervalos frequentes enquanto trabalha ajuda as crianças com TDAH a recarregar seu intervalo de atenção e sua automotivação para se concentrarem melhor, persistir e completar a próxima parcela pequena de trabalho.

Se isso parecer um exasperante desperdício de tempo, tenha em mente que é um modo mais construtivo de usar o tempo que, de outra forma, você passaria implicando com a criança para que ela fizesse o trabalho. Tenha também em mente a sugestão do Princípio 4 que, quando se trata de situações que criam conflito, é sábio começar com a meta em mente. Como você quer terminar essa sessão de lição de casa ou outro período de trabalho? Com gritos seus e choros de seu filho? Ou com paz relativa e uma criança que tem a satisfação de ter concluído um trabalho e talvez até mesmo esteja bem feito?

Se você achar que sua criança ou adolescente não consegue dar conta da pequena parte que você lhe atribuiu sem se afastar da tarefa, pense em diminuir ainda mais a porção da tarefa. Tudo é uma questão de descobrir qual é realmente o intervalo de atenção de seu filho para esse tipo de trabalho e dividi-lo para que a parcela que você lhe atribuir se encaixe nesse intervalo.

2. Divida a tarefa em intervalos de tempo. Você pode pedir a uma criança pequena com TDAH que trabalhe por 3, 4 ou 5 minutos e, depois, dar 1 minuto de intervalo, antes de lhe atribuir mais 5 minutos de trabalho. No caso de crianças mais velhas, estenda para 10 minutos de trabalho com um intervalo de 3 minutos e, depois, mais 10 minutos de trabalho. Esse método é mais adequado para algumas tarefas do que para outras, como limpar uma sala, guardar a louça, arrumar a mesa ou trabalhar no quintal ou jardim. Todas essas atividades envolvem trabalho que é mais difícil dividir em parcelas iguais, como problemas de Matemática, que envolvem unidades mais discretas de trabalho e se prestam melhor a períodos de trabalho baseados em tempo.

3. **Verifique de modo imprevisível.** Se você não dividir a tarefa, ao monitorar o trabalho para incentivar a autopercepção do seu filho é bom que as verificações de responsabilidade sejam aleatórias. Se sua filha não sabe quando você vai falar com ela, a melhor estratégia dela é comportar-se bem ou permanecer na tarefa e continuar trabalhando no que lhe foi atribuído se quiser maximizar a atenção positiva e as recompensas que pode receber.

4. **Pense em usar uma babá eletrônica para acompanhar seu filho.** Se puder ver e/ou ouvir que seu filho está perdendo o foco na tarefa, vá direto ao local e supervisione. Muitos pais me disseram que aparecer na hora que a criança se desviou da tarefa ajuda a manter o filho responsável.

5. **As verificações de responsabilidade não são apenas para trabalhos, nem só para corrigir.** Mesmo quando não estiver fazendo algum tipo de trabalho, seu filho com TDAH precisa de supervisão mais frequente e de mais responsabilidade por suas ações do que as outras crianças, quer esteja brincando, assistindo à TV ou trabalhando em um projeto de artesanato. Verificações em todas essas situações ajudam a tornar as crianças mais responsáveis pelo próprio comportamento e você pode checar se estão seguras e se comportando bem, duas coisas problemáticas para uma criança com TDAH. Mas certifique-se de elogiar e dar afeto, além de incentivo para que a criança continue quando observar que se comporta bem e segue as regras. Se, ao contrário, ela estiver se comportando mal, imponha uma consequência negativa, como perder fichas ou pontos ou de um privilégio que ela esperava receber mais tarde nesse dia. No caso de infrações piores, pode haver um período de castigo. Sempre que possível, reforce os comportamentos positivos, mas manter seu filho responsável também requer impor consequências para comportamentos negativos.

6. **Inclua outras pessoas em seu plano de responsabilidade.** Compartilhar o sucesso com alguém com quem nos importamos é um incentivo para iniciar ou continuar a fazer algo que concordamos em fazer. Assim, quando sua filha concluir a tarefa que lhe foi atribuída ou

quando se comportar bem em uma situação que você esteja monitorando, diga a ela que você vai tirar uma foto com seu celular, e você e ela juntos vão enviar a foto para alguém de quem sua filha goste, como a mãe, o pai, uma tia ou tio favoritos ou um dos avós.

Aumentar a responsabilidade com um cartão de relato de comportamento

Há momentos que você não estará por perto para supervisionar seu filho frequentemente: quando estiver com uma babá, brincando na casa de outra criança, em uma aula de educação religiosa ou um clube, prática esportiva ou outros eventos organizados como os escoteiros. Você pode torná-lo mais responsável por suas ações quando ele estiver distante da família se usar um cartão de relato de comportamento.

Faça cópias do cartão ilustrado a seguir (veja também, no final do Prefácio, informações sobre como fazer *download* e imprimir cópias do *site* do autor, portanto, os textos estão em inglês) ou crie um cartão personalizado no computador. Neste cartão-modelo, especifiquei diversos comportamentos com os quais crianças com TDAH normalmente têm dificuldade em situações variadas. As colunas restantes são numeradas e representam um intervalo de tempo específico, como a cada 15, 20 ou 30 minutos. Essa é a frequência em que seu filho deve ser avaliado pelo supervisor durante o evento ou atividade; o período não tem de ser exato, são orientações gerais. Essencialmente, a avaliação deve acontecer quando o supervisor tiver tempo entre suas outras responsabilidades. A pessoa que supervisiona o evento ou situação pode avaliar brevemente o comportamento da criança usando uma escala de 1 (ruim) a 5 (excelente). As crianças mais novas precisam de supervisão, *feedback* e avaliação mais frequente do que as mais velhas, então especifique intervalos mais curtos para elas, talvez até períodos de 15 minutos. É claro que a frequência de avaliação precisa ser adequada ao tipo de evento de que seu filho está participando e à frequência com que o adulto supervisor pode se dedicar para avaliá-lo no cartão.

Cartão de relato de comportamento

Nome da criança ____________________ Data ____________________

Supervisor ____________________ Evento ____________________

Instruções: Avalie o comportamento desta criança de 1 (ruim) a 5 (excelente) para cada período nas colunas abaixo.

Cada período = _____ minutos

Comportamentos	Períodos					
	1	2	3	4	5	6
Dá atenção ao supervisor.						
Obedece às instruções.						
Convive bem com outras crianças.						
Controla bem as emoções para a idade.						
Demonstra bom controle de impulsos para a idade.						
Convive bem com o supervisor.						

Você pode deixar o cartão com o supervisor de qualquer evento de que seu filho vá participar. Peça educadamente ao supervisor para avaliar quanto seu filho se comportou bem durante o evento. A maioria dos supervisores aprecia o fato de que você deseja saber como seu filho se saiu quando estava sob a supervisão dele e que você lhe deu um meio para administrar o comportamento da criança durante o evento. Mas seja flexível em relação ao tempo das avaliações, pois os supervisores geralmente têm muitas outras coisas para fazer.

Depois do evento, revise brevemente o cartão com o supervisor (se ele tiver tempo) e com seu filho, ao ir buscá-lo. Qual foi a impressão geral do supervisor? Em seguida, fale em particular com seu filho sobre as avaliações do cartão. Concentre-se primeiro nos comportamentos mais positivos. Elogie-o por ele ter se saído bem naquela área de comportamento. Depois se concentre nos comportamentos mais negativos.

Pergunte a seu filho o que aconteceu ou o que foi mal e levou a essa avaliação baixa. Então, pergunte o que ele pode fazer da próxima vez para ter uma avaliação melhor. Toda essa conversa tem o objetivo de aumentar a responsabilidade dele pelo comportamento, incentivar a autoavaliação e levá-lo a mostrar responsabilidade. Depois, some o total de pontos no cartão: são pontos de recompensa que seu filho pode usar para obter privilégios especiais com você.

É claro que você deve criar um menu de recompensas para acompanhar esse sistema de cartão (veja instruções no Princípio 7). Se você já definiu um menu, use o sistema de recompensa com os pontos ganhos no cartão de relato para a compra de privilégios definidos previamente. Percorra a lista e determine quanto cada privilégio deve valer em pontos a serem ganhos no cartão de relato de comportamento.

Pense também na possibilidade de usar um cartão como esse com seu filho durante acontecimentos especiais, como quando receber uma visita, ou outra criança vier brincar em casa ou você for a uma festa, clube ou evento esportivo com ele, e nesse caso você se torna o supervisor. Você pode criar um cartão e especificar nele os tipos de comportamento que vai monitorar. Assim, pense criativamente em como usar esse sistema de cartão. Ele pode ser adaptado a praticamente qualquer situação em que você queira monitorar o comportamento de seu filho mais de perto e recompensá-lo por ter se comportado bem.

Use o cartão de relato para monitorar o comportamento de seu filho também na escola e ajudar a melhorar a conduta e o comportamento dele, vinculando-o a um programa de recompensa em casa, como um sistema de pontos ou de fichas. As instruções completas para fazer isso podem ser encontradas em meu livro mais abrangente *Taking charge of TDAH, quarta edição.*

Use o cartão de relato de comportamento para autoavaliação

Depois de algumas semanas usando o cartão de relato de comportamento em uma situação específica, pense na possibilidade de seu filho avaliar a si mesmo no cartão. Simplesmente peça a sua criança ou a seu adolescente que preencha o cartão de relato periodicamente durante a atividade (ou em uma atividade sem supervisão). Ele deve avaliar a si mesmo na lista de comportamentos que são o foco desse sistema de cartão. Em uma atividade supervisionada, sua filha deve mostrar o cartão ao adulto supervisor para ele verificar se concorda ou não com a autoavaliação. Essa revisão também é uma oportunidade para discussão posterior entre a criança e o supervisor sobre como ela se saiu durante a atividade e o que pode fazer melhor da próxima vez. Depois de algumas semanas usando o cartão para autoavaliações, ele pode ser usado com menos frequência ou eliminado totalmente se o comportamento nessa situação não for mais um problema.

Melhorar a responsabilidade por meio de compromissos sociais

Para crianças mais velhas e, em especial, para adolescentes com TDAH (ou qualquer adolescente), um modo eficaz de aumentar a probabilidade de que façam algo que prometeram é comprometer-se a fazer isso com outra pessoa. Atividade física é um bom exemplo: você pode começar a correr sozinho para melhorar sua saúde, mas os estudos mostram que há tem muito mais probabilidade de você realmente se engajar nesse exercício com regularidade ao se comprometer a fazer isso com outra pessoa. Amigos, vizinhos, colegas de trabalho, parentes e até pessoas que você conheceu na academia podem exercer esse papel. Eu me lembro de quando comecei a correr quando tinha mais ou menos 20 anos. Descobri que era mais fácil levantar cedo e correr antes de ir para o trabalho tendo meu vizinho como parceiro. Eu também treinei para corridas mais longas e até para várias maratonas, nos fins de semana, com um colega e amigo próximo.

Sua criança mais velha ou adolescente não é diferente. O modo como é percebido e valorizado pelas outras pessoas pode ser uma fonte altamente motivadora para seu envolvimento nos programas de autoaperfeiçoamento e conclusão dos compromissos de trabalho. Assim, pense nos amigos de sua criança ou adolescente, colegas de escola ou outras crianças da vizinhança. Será que poderiam ajudar a aumentar a probabilidade de seu filho fazer algumas atividades e responsabilizar-se por elas? Uma ideia é seu filho estudar ou fazer a lição de casa algumas vezes por semana com um amigo da mesma turma que tenha a mesma lição ou projetos escolares. Seu adolescente pode estudar para um exame importante com um amigo ou colega de classe que tenha de estudar para o mesmo exame.

Em qualquer cenário no qual você possa ter outra criança ou adolescente disponível para trabalhar com seu filho, assegure-se de que seja uma pessoa de bom caráter, que inspire seu filho a trabalhar mais produtivamente, e não alguém cujo comportamento também seja problemático. Isso pode ser desastroso, pois um serviria de distração para o outro, e nenhum trabalho realmente seria feito. Outra possibilidade é contratar um tutor para trabalhar com sua filha em algumas tardes da semana um assunto no qual ela esteja com dificuldades na escola. Mais uma vez, sua filha tem mais probabilidade de estudar e trabalhar bastante para melhorar se for responsabilizada diante de outra pessoa, neste caso, o tutor.

Se sua criança ou adolescente quiser se juntar a um esporte organizado ou clube, há alguém que a criança conheça e poderia se juntar a ele e, assim, aumentar a probabilidade de que ele participe dessa atividade organizada? O pai e/ou a mãe também pode exercer esse papel. Mas a pesquisa mostra que crianças e adolescentes valorizam as impressões de colegas muito mais do que a de seus pais. E é por isso que os colegas têm muito mais probabilidade de motivá-los a concluir projetos ou se envolver no autoaperfeiçoamento do que um pai ou irmão teria.

Aumentar a responsabilidade ao esclarecer as regras da família e aplicá-las de modo consistente

Algumas vezes, aumentamos as dificuldades de nossos filhos em assumir responsabilidade por suas ações porque as regras que esperamos que sigam nem sempre são claras. O mais provável é estipularmos regras em casa, mas não as aplicarmos de modo consistente. Podemos até mesmo quebrá-las, ao mesmo tempo que dizemos aos filhos que as obedeçam (faça o que eu digo, não o que eu faço).

Para aumentar a clareza de nossas regras domésticas, é muito útil escrever as mais comuns em um quadro, em especial as que são quebradas com mais frequência pela criança ou adolescente com TDAH. Faça um cartaz das regras da família que são frequentemente quebradas e coloque na frente da geladeira ou em algum outro lugar visível – assim, não haverá desculpas de alguém não conhecer as regras.

No entanto, o truque real é aplicar as regras de modo consistente. Não pode haver responsabilidade quando as regras são aplicadas de vez em quando ou com favoritismo, ou quando são evitadas em discussão com um dos pais ou ao culpar outra pessoa pela violação da regra. Assim, esse cartaz é tanto uma dica para os pais de que essas regras devem ser aplicadas religiosamente (com consistência) na família, quanto um lembrete para as crianças. É também um lembrete aos pais de que devem aplicar as consequências apropriadas quando as regras forem violadas, ou premiações quando forem seguidas. Alguns pais acham útil especificar no cartaz quantos pontos ou fichas uma criança pode ganhar e perder em privilégios ao obedecer ou desobedecer as regras.

Outra maneira de aumentar a clareza e a consistência das regras em casa é o Plano de Transição discutido no Princípio 12. Definir e revisar as regras de uma situação ou atividade com a criança/o adolescente logo antes de iniciar a atividade ajuda claramente a aumentar a responsabilidade e a adesão. E explicar as recompensas que se pode ganhar nessa situação e as consequências negativas se as regras forem quebradas é outra maneira de aumentar a responsabilidade, deixando muito claro o que vai acontecer nessa situação se as regras forem ou não seguidas. Fornecer *feedback* frequente durante a atividade é outro modo de fortalecer a responsabilidade de uma criança ou adolescente com TDAH.

Comecei este capítulo falando sobre as funções executivas de seu filho e como elas tornam o Princípio 6 muito valioso para pais de crianças com TDAH. Eu também quero concluí-lo falando das funções executivas. Quando me refiro à necessidade de conscientizar-se quanto ao próprio comportamento e de refletir sobre como esse comportamento está ou não funcionando em relação às próprias metas, estou realmente descrevendo a metacognição. Segundo algumas abordagens, **metacognição** é a função executiva mais sofisticada de todas e a que se desenvolve no decorrer dos anos, possivelmente só amadurecendo plenamente por volta dos 20 anos. Portanto, você não pode esperar que uma criança de 7 anos tenha *insight* para ver exatamente onde errou e como mudar isso no futuro. A metacognição se desenvolve com muita orientação e experiência e, no caso das crianças com TDAH, o processo leva mais tempo e exige mais auxílio dos pais, professores e outros profissionais. Portanto, é importante começar bem cedo o apoio para o desenvolvimento de responsabilidade, mas faz sentido não esperar demais de uma criança pequena, ou mesmo de um adolescente com TDAH.

PRINCÍPIO

7

TOQUE MAIS, RECOMPENSE MAIS E FALE MENOS

Pergunte a qualquer pai: "Qual é o maior desafio ao criar um filho com TDAH?", e você provavelmente ouvirá uma variação de «Conseguir que meu filho faça o que ele deve fazer». O fato de que as crianças com TDAH têm tanta dificuldade em começar, manter e completar tarefas muitas vezes leva os pais a passar grande parte do dia dando ordens, fazendo pedidos e lembretes. Como observado no Princípio 4, essa é uma receita para o conflito e uma boa razão para priorizar aquilo que realmente precisa ser feito para que você reduza a quantidade de ordens dadas.

Cultivar a autopercepção de seu filho e ensiná-lo a ser responsável (no final), conforme o Princípio 6, o ajuda a fazer o que deve ser feito, mas você ainda tem de apoiá-lo durante todo o processo, tendo consciência do que está acontecendo com ele por meio da atenção plena (Princípio 5) e também aprendendo o melhor modo de orientar verbalmente sua filha quando realmente tiver de lhe dizer para trabalhar e terminar a tarefa. Neste capítulo, vou mostrar como fazer esses pedidos e adicionar incentivos, de modo que seu filho não precise das recriminações que parecem inevitáveis.

O PROBLEMA: Os pais de crianças com TDAH falam demais.

Se você leu o Princípio 6, sabe que sou a favor de alguns tipos de conversa dos pais. A narração social, avaliação do próprio comportamento em voz alta e conversas casuais (planejadas, não tão casuais) para levar seu filho na direção da autopercepção são estratégias importantes de pais de crianças com TDAH. Entretanto, muitos pais de crianças com TDAH passam dos limites no fluxo constante de comandos, reclamações e pedidos para que o filho faça alguma coisa. Você provavelmente reconhece que fala demais com sua criança ou adolescente com TDAH. E sabe que não está funcionando se ele não está ouvindo nem obedecendo ao que você diz, mas continua porque não sabe o que fazer. O Princípio 4 lhe deu uma tarefa a fazer: reconsiderar suas prioridades e deixar de lado alguns itens menos importantes que costuma pedir a seu filho. E todas as vezes que ele realmente tem de fazer alguma coisa e suas palavras não levam a nada?

Essa situação é comum? Você vai receber alguém em cerca de uma hora e acabou de descobrir que a sala de estar que acabou de limpar e arrumar foi bagunçada por seu filho com TDAH. Assim, apesar da exasperação, você pede a ele gentilmente que guarde os brinquedos, e ele diz: "Tá bom, mãe. Só um minuto". Você volta alguns minutos depois e o encontra ainda brincando no meio da bagunça, repete o pedido, desta vez dizendo que a pessoa vai chegar logo e ele deve começar a limpar agora. Ele responde "Tá bom. Já vou". Você sai, mas descobre que nada mudou quando volta minutos depois. Desta vez, você explica que a tia Minnie e o tio Manny são idosos, vão tropeçar naqueles bonequinhos e podem se machucar, por isso ele realmente precisa guardá-los. Sem chance. A seguir, você acrescenta uma ameaça, agora o pequeno Morty não terá permissão para jogar videogames no quarto enquanto os adultos conversam se não começar a se mexer neste instante. Quando isso falha, você repete tudo de novo, com voz mais alta e brava. Talvez agora você tente fazer seu parceiro entrar na situação, na esperança de que ele possa ser mais convincente em conseguir que essa tarefa seja feita ou que vocês dois sejam mais convincentes juntos.

Em todo esse tempo, seu filho está essencialmente ignorando você ou até reagindo com indignação e pedidos em resposta a seus pedidos. Conforme sua voz e emoções se intensificam, as do seu filho também. Agora, sua explicação se transformou em uma briga completa, que não pode ser vencida. E ainda assim você continua falando. Os pais tentam conseguir obediência da criança com TDAH pensando que ele tem transtorno de déficit de informações e cada vez mais palavras corrigirão o problema.

Mas as palavras não consertam a situação. Na **Introdução** você aprendeu que crianças com TDAH não conseguem controlar efetivamente o próprio comportamento só porque você deu explicações extensas do motivo de precisarem fazer o que você está dizendo, leia a seguir.

- A linguagem não funciona bem para controlar o comportamento delas. A parte do cérebro em que a linguagem interage com o comportamento e o guia simplesmente não funciona tão bem como nas outras crianças.
- Elas têm um transtorno de desempenho (fazer o que sabem) em vez de um transtorno de conhecimento (saber o que fazer). Assim, nenhuma quantidade de informações funcionará para fazer com que ouçam e obedeçam.
- Elas têm déficit de automotivação. Isso significa que quando precisam ativar e manter o comportamento para fazer alguma coisa que não é divertida nem recompensadora, têm menos probabilidade de começar ou concluir a tarefa. Manter-se concentrada em uma atividade e persistir nela simplesmente não é o ponto forte da criança e adolescente com TDAH.
- Elas se distraem muito facilmente, em especial quando estiverem trabalhando. Qualquer coisa ao redor que seja mais interessante ou divertida do que o trabalho que você pediu que faça tem mais probabilidade de chamar a atenção e guiar o comportamento, fazendo com que se afastem da tarefa novamente.
- O déficit na memória de trabalho (lembrar daquilo que deveriam estar fazendo) torna difícil concluir a tarefa que você pediu.
- Aproximadamente 65% das crianças com TDAH também têm transtorno desafiador e de oposição. Elas desenvolvem comportamentos que envolvem teimar, ignorar, retrucar, discutir, desafiar você verbalmente ou até mesmo resistir fisicamente a seus esforços para que façam o que lhes foi pedido.

O que os pais devem fazer ao enfrentar tudo isso?

A SOLUÇÃO: **Toque mais, fale menos.**

Sempre que pedir a sua que filha faça algo para você, elogiá-la por algo que ela fez ou repreendê-la por algo que ela não fez ou fez errado, experimente a técnica descrita nas etapas a seguir.

1. Vá até a criança. Não tente falar com ela de longe, em um andar diferente da casa, do outro lado da sala ou de outro cômodo no mesmo piso. Quanto mais longe você estiver, menos eficazes suas palavras e ações serão. Então fique perto de seu filho antes de falar com ele.

2. Toque a criança. Ponha sua mão sobre o ombro, braço ou mão de seu filho ou toque suavemente o queixo dele com o dedo. Faça um gesto natural ao transmitir afeto por sua filha e chamar a atenção dela. As crianças são diferentes em relação aos toques que percebem como sinais de intimidade e amor e aos que percebem como desagradáveis, então use o conhecimento que tem de seus filhos. De qualquer maneira, toque a criança, porque isso personaliza muito sua interação enquanto demonstra afeto.

3. Olhe nos olhos de seu filho. Sempre que possível, olhe diretamente para seu filho em vez de falar por cima ou atrás dele. A maioria das pessoas acha que o contato ocular aumenta o impacto e a importância da interação, e as crianças não são diferentes. Sim, algumas crianças são tímidas, socialmente ansiosas ou estão no espectro autista, o que dificulta o contato ocular com os outros. Elas podem afastar o olhar, por achar seu olhar direto inquietante. Mas pelo menos no início, faça contato ocular com a criança para criar conexão entre suas mentes.

4. Diga brevemente o que precisa ser dito. Use frases curtas e diretas. Nem mais nem menos. Fale de modo breve e objetivo. Se quiser que algo seja feito, diga precisa e firmemente: "Eu quero que você recolha os brinquedos agora". Para evitar uma nova série de pedidos repetidos e de disputas a respeito de se a tarefa que você atribuiu foi realmente feita como você instruiu, siga as instruções do quadro a seguir usando cartões de tarefas.

- *Se der uma instrução ou comando*, assegure-se de usar um tom de voz "profissional" que transmita claramente o que quer dizer. Não grite; simplesmente seja direto e firme.

- *Se for agradecer ou elogiar seu filho*, seja agradável, sincero e breve, e faça com que valha a pena: "Eu gosto muito quando você me ouve e faz o que peço" ou "Obrigada por me ajudar a tirar a louça da lava-louças e guardar tudo". Mas seja sincero. Use um tom genuíno, aprovador e afetivo, sem exagerar. As crianças, como os adultos, são rápidas em perceber elogios insinceros.

- *Se for uma repreensão*, soe firme e até fria, mas mantenha a voz baixa e firme. Não grite nem transmita raiva; seja direto e desaprovador, mas não fora de controle. Mais uma vez, seja breve e objetivo, independentemente do que estiver tentando dizer. Fale menos, toque mais e faça isso individualmente.

5. Peça a sua filha que repita uma instrução ou ordem para você. Peça a sua filha que lhe diga o que você acabou de pedir a ela para fazer. A criança tem mais probabilidade de obedecer a uma ordem ou instrução ao repeti-la. Assim, diga simplesmente "O que eu pedi a você que faça?", com voz gentil.

6. Vá embora com afeição. Antes de tirar a mão de seu filho e ir embora, dê um aperto suave, uma esfregadinha, uma batidinha ou um beijo na cabeça. Você quer transmitir preocupação, afeto e intimidade de modo pessoal, mesmo se expressou desaprovação por algo que a criança deixou de fazer ou fez errado. Especialmente nesse caso, o que você quer indicar é que sua desaprovação é uma resposta ao que ele fez, não a quem ele é. Seu filho precisa saber que você não deixou de gostar dele, só não gosta do comportamento inaceitável.

A pesquisa mostra que se comunicar dessa maneira é muito mais eficaz com as crianças que têm TDAH do que o modo reflexivo em que normalmente damos instruções a nossos filhos. As crianças com TDAH também precisam de consequências mais claras e imediatas, como recompensas, elogios ou correção/desaprovação verbais.

Desviar-se de discussões com cartões de tarefas

Se seu filho for grande o bastante para fazer tarefas domésticas e souber ler, é útil fazer um cartão para cada tarefa. Use um cartão de 7 cm por 12 cm ou similar e liste as etapas para fazer corretamente a tarefa. Depois, quando quiser que ele faça a tarefa, simplesmente lhe dê o cartão e afirme que é isso que você quer que faça. Esses cartões podem reduzir muito a quantidade de discussões que ocorrem quando a tarefa não é feita corretamente. Você também pode indicar no cartão quanto tempo deve demorar até a conclusão e, depois, colocar um alarme com esse tempo para que ele saiba exatamente quando deve terminar.

O PROBLEMA: Automotivação interna fraca.

As crianças e adolescentes com TDAH se esforçam muito para manter a atenção e o comportamento relacionado ao trabalho com as tarefas designadas. Embora isso ocorra devido à tendência à distração, outro grande fator é o déficit de motivação interna. Todos nós precisamos de automotivação, uma das funções executivas descritas na **Introdução**, quando (1) temos de fazer um trabalho que não achamos interessante, divertido, gratificante ou envolvente de algum modo e (2) não há consequência imediata ao concluir o trabalho. É importante compensar esse déficit na automotivação porque seu filho com TDAH, como todas as crianças, encontrará cada vez mais trabalhos desafiadores conforme for crescendo. Neste momento, ele pode ter dificuldade em perseverar em atividades não gratificantes como tarefas escolares, tarefas domésticas e higiene pessoal, e se não aprender a motivar a si mesmo para realizá-las, terá ainda mais dificuldades com emprego, finanças pessoais, manutenção de propriedade e até mesmo na criação dos próprios filhos.

As pesquisas, desde 1970, têm mostrado que crianças e adolescentes com TDAH não persistem em atividades que não oferecem algum grau de recompensa imediata, entretenimento ou interesse intrínseco para eles. Entenda que há dois problemas aqui.

1. As recompensas e motivações usuais que muitas vezes associamos às tarefas escolares e tarefas domésticas são fracas demais para crianças com TDAH. Os cientistas mostraram que as redes cerebrais e os neuroquímicos associados com recompensas são menores, menos sensíveis e mais erráticos ou variáveis nas pessoas com TDAH. Assim, coisas como notas e diplomas por trabalho escolar, desejar ser um bom aluno, obter reconhecimento de colegas e professores, ser admirado pelos outros, contribuir para a família e a sociedade, aprender a ser um funcionário responsável e automotivado no primeiro emprego não são normalmente fortes o bastantes para motivar a criança com TDAH.

Isso não significa que seu filho não acha nenhum trabalho intrinsecamente interessante. Cada pessoa gosta de tarefas e atividades diferentes dos outros e crianças com TDAH também. Nós deduzimos que as atividades de que as crianças e adolescentes com TDAH gostam costumam envolver movimento, como esportes, atividades físicas e manuais; expressão criativa, como artes performáticas; e estar junto com outras pessoas diretamente, em competições ou por meio das redes sociais. Mas as pessoas com TDAH são tão diversificadas quanto o restante da população, algumas podem achar interessantes assuntos pouco comuns como clima, animais ou insetos, tecnologia ou tópicos específicos da história. Se considerarem uma tarefa ou atividade interessante, terão mais facilidade em iniciar e se manter nessa atividade.

2. As consequências têm de ser imediatas e frequentes para manter o comportamento em relação a uma tarefa. No Princípio 8, abordaremos os problemas das crianças com TDAH em relação ao tempo, mas por enquanto o importante é saber que consequências atrasadas são um problema grave no TDAH. Quanto mais longo o atraso, menos valiosa será a consequência para seu filho. Isso também é verdade para as crianças típicas, mas o grau em que as crianças com TDAH desconsideram ou desvalorizam as consequências é marcadamente maior. Se você quiser fazer uma criança com TDAH fracassar em alguma tarefa, basta lhe atribuir um trabalho tedioso sem que haja recompensa imediata. Você lutará o tempo todo com a criança para mantê-la na tarefa até o trabalho ser concluído, se é que isso vai acontecer. Não é de surpreender que crianças e adolescentes com TDAH achem videogames, especialmente os jogos competitivos baseados na internet, tão viciantes. De fato, de 15% a 20% dos adolescentes com TDAH se qualificam como dependentes de internet ou jogos. Os jogos têm tudo que um trabalho de final de ano ou as tarefas domésticas de fim de semana não têm: apelo intrínseco e recompensas imediatas constantes.

A SOLUÇÃO: **Use recompensas frequentes, imediatas e externas.**

Assim, como há dois problemas relacionados à motivação, também há duas soluções.

Use recompensas artificiais poderosas

Com "poderosas", eu quero dizer muito motivadoras. E com "artificiais", me refiro a recompensas que não são geralmente associadas a essa tarefa. Por mais que você possa não gostar disso, é essencial que empregue muitas recompensas artificiais externas para ativar sua filha com TDAH para trabalhar e, depois, motivá-la para manter o trabalho por tempo suficiente para concluí-lo. Muitos pais pensam que fazer isso significa subornar o filho para fazer o que os outros fazem sem recompensa e que a criança nunca aprenderá a fazer a tarefa por si mesma ou por alguma recompensa social mais ampla, como admiração, *status* e aprovação. O problema é que a criança com TDAH simplesmente ***não será*** motivada por recompensas intrínsecas e, assim, você não corre realmente o risco de substituir uma motivação interna desejável por uma recompensa externa artificial e materialista. Pense nessas recompensas externas para crianças com TDAH como o equivalente a rampas, aparelhos auditivos, próteses mecânicas, bengalas e andadores para pessoas com deficiências físicas, auditivas ou visuais: uma prótese necessária para superar uma deficiência de modo que não seja tão prejudicial.

Como Stephen Covey disse em seu livro *Os sete hábitos das pessoas altamente eficazes*, "Pense ganha/ganha". Conseguir que o trabalho seja feito é um ganho para você, mas raramente é um ganho para seu filho, então, crie um: quando qualquer tipo de trabalho tiver de ser feito, pense no que você pode oferecer como motivação. O que ele gosta de fazer, ter ou consumir? É fácil deixar isso disponível para quando ele fizer o trabalho atribuído?

Pense nessa estratégia como um contrato de trabalho. Como seu empregador, que lhe paga um valor justo por um trabalho justo, ofereça a seu filho uma pequena recompensa por fazer uma tarefa doméstica ou uma tarefa escolar. No processo, você está ensinando a lição valiosa que ele vai levar para o futuro emprego: o tempo e o esforço de todos são valiosos.

Uma das maneiras mais fáceis de ter recompensas prontamente disponíveis quando precisar delas é criar um programa de fichas ou sistema de pontos. Com esses sistemas (descritos em detalhe na quarta edição do meu livro *Taking charge of ADHD*) seu filho ganha fichas pelo trabalho feito e, depois, usa as fichas como se fossem dinheiro para comprar privilégios. O próximo quadro deste capítulo é um resumo conciso de como funciona um programa de fichas ou pontos.

Faça comentários e recompensas imediatos e frequentes

Se o segundo problema de crianças e adolescentes com TDAH se relaciona ao atraso antes de receber uma consequência ou recompensa, a solução é simplesmente reduzir ou eliminar o atraso. A criança ou adolescente com TDAH precisa saber, geralmente durante o desempenho da tarefa, exatamente como está indo. E precisa obter as recompensas muito mais frequentemente durante a tarefa do que uma criança ou adolescente típicos.

Acho útil pensar em nossa automotivação como o tanque de combustível de um carro. O carro pode ter o melhor GPS e outros equipamentos para chegar ao destino, mas não vai a lugar algum sem combustível. Do mesmo modo, uma pessoa pode ter os melhores planos e as melhores ferramentas para completar seus projetos, mas nada será feito sem automotivação: a força de vontade é o combustível. Você pode ver isso na figura a seguir, que mostra o tanque de combustível da função executiva à esquerda e, à direita, o que as pesquisas demonstraram que recuperam e sustentam a automotivação das pessoas durante o trabalho – nossa autorregulação e persistência. A lista descreve os métodos para encher novamente o tanque de combustível da função executiva.

Encha o tanque de combustível da função executiva

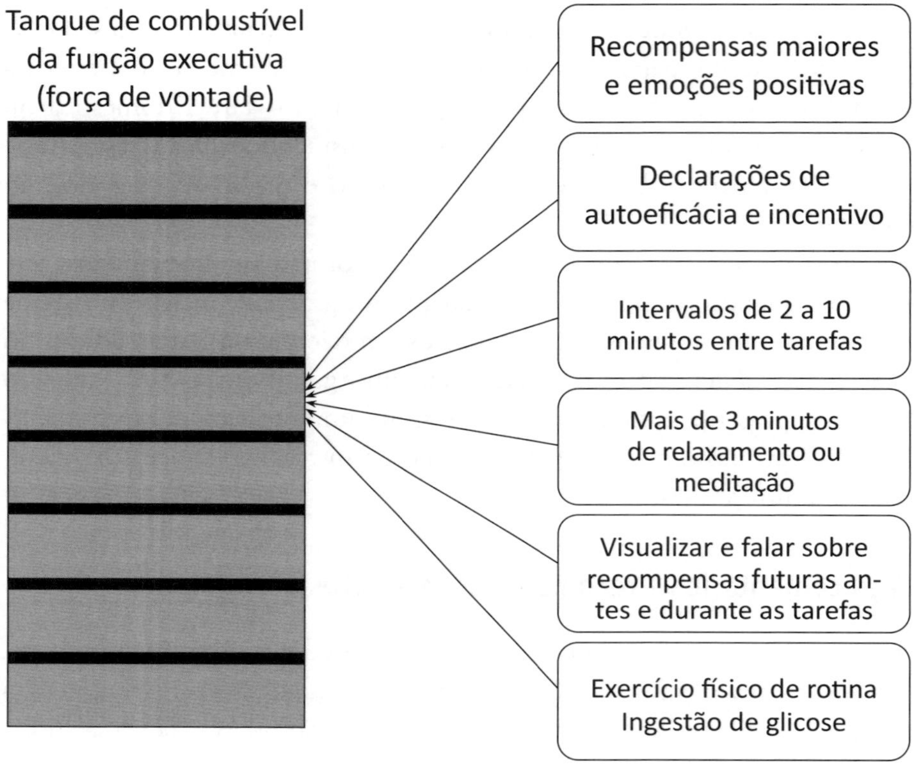

As sugestões para recuperar a função executiva são adaptadas das pesquisas resumidas em BAUER, I. M.; BAUMEISTER, R. F. Self-regulatory strength. *In*: VOHNS, K.; BAUMEISTER, R. F. (ed.). *Handbook of self-regulation*. 2. ed. p. 64-82. Nova York: Guilford Press, 2011.

Maneiras de recuperar (ou encher) o tanque de combustível da função executiva e motivar seu filho a trabalhar

Use recompensas frequentes. Seu filho vai ficar sem combustível mais depressa do que as crianças que não têm TDAH, então mantenha um fluxo de recompensas para mantê-lo no caminho certo. Uma das melhores maneiras de fornecer recompensas frequentes com menos probabilidade de que a criança fique entediada é usar um sistema de fichas ou de pontos, como explicado no próximo quadro.

Use autoconversa. O diálogo interior é uma ferramenta útil para nos motivar a fazer um trabalho que de outra forma seria pouco interessante. Peça a seu filho com TDAH que fale em voz alta suavemente, para si mesmo, o objetivo de fazer essa tarefa enquanto trabalha e o que ganhará quando terminar. Outro modo é ele incentivar positivamente a si mesmo – uma conversa de encorajamento. Nós chamamos esses incentivos de declarações de autoeficácia – essencialmente: "EU CONSIGO fazer isso!". Como um técnico de futebol antes de um grande jogo, incentive seu filho a dizer a si mesmo que ele pode fazer isso, que ele tem o talento e as habilidades e nada pode impedi-lo de receber a recompensa.

Divida o trabalho em partes menores. Você conheceu essa ideia no Princípio 6. Dividir o trabalho em unidades menores e fazer intervalos frequentes de 2 a 10 minutos, dependendo da duração do período de trabalho, ajuda a encher novamente nosso tanque e continuar motivado a terminar a tarefa. No trabalho, as pessoas costumam se concentrar 20 minutos ou mais em tarefas que exige dedicação, então levantam e pegam um café; voltam para mais 20 minutos de trabalho, levantam, se alongam ou caminham um pouco, e assim por diante. Em cada intervalo breve a função executiva cerebral descansa, a pessoa se movimenta, recebe uma recompensa breve e, depois, retorna ao trabalho com mais motivação do que antes da breve pausa. Seu filho não é diferente. Intervalos frequentes restauram o combustível emocional para a conclusão do trabalho.

Faça uma pausa de atenção plena antes de trabalhar. Antes de iniciar uma nova tarefa, é útil fazer um intervalo de 3 minutos e relaxar por um momento ou usar a meditação de atenção plena para acalmar a função executiva cerebral, os pensamentos e as emoções (como explicado no Princípio 5). Fazer isso permite preparar a mente para o que vamos fazer a seguir. Se você procurar, encontrará livros que explicam como você pode ensinar sua filha a usar a atenção plena para acalmar-se, limpar a mente de pensamentos negativos e preparar-se para lidar com o que deve fazer a seguir.

Visualize o objetivo e o recebimento da recompensa. Imediatamente antes de ela começar o trabalho, peça a sua filha que se imagine concluindo a tarefa e recebendo a recompensa prometida. Peça que pense em como será bom ter terminado o trabalho e desfrutar do prêmio.

Use uma imagem da recompensa. Ainda melhor, se a criança estiver trabalhando para receber uma recompensa tangível, como um brinquedo, uma guloseima ou um privilégio que possa facilmente ser expresso com imagem: imprima a imagem e coloque na frente da criança para a motivá-la a permanecer na tarefa e concluir o trabalho.

Faça exercícios com frequência. Os estudos também mostram que tanto crianças quanto adultos podem melhorar a concentração, persistência e força de vontade ao fazerem atividades físicas com regularidade. Caso seu filho ainda não esteja praticando nenhum tipo de esporte agendado com regularidade ou outro programa de exercícios, pense em começar um. Não precisa ser um esporte organizado; simplesmente caminhar ou correr todos os dias facilita nossa capacidade de dar atenção ao trabalho e de persistir nele.

Tome pequenos goles de bebidas açucaradas. Finalmente, existem algumas evidências, pelo menos com adultos, de que consumir de vez em quando pequenas quantidades de líquidos açucarados durante uma tarefa mentalmente exigente pode nos ajudar a manter o esforço. O cérebro usa a glicose (um açúcar) do sangue e, assim, manter o nível de açúcar no sangue um pouco elevado ajuda no funcionamento do cérebro, em especial no que diz respeito ao autocontrole. Então, permita que seu filho tome alguns goles de limonada ou de alguma bebida esportiva de vez em quando enquanto trabalha. Eu disse ***tome alguns goles,*** não significa ingerir grandes quantidades dessas bebidas, pois claramente têm efeito negativo e contribuem para obesidade e má higiene dental, além dar de sonolência. Se seu filho não consegue lidar com um copo ou garrafa da bebida sem tomar tudo de uma vez, use copos plásticos com tampas que tenham canudos ou uma garrafa esportiva para água com um bocal saliente que limitem quanto pode ser consumido em um só gole. Você também pode dar quantidades menores da bebida a cada vez e repor essa pequena quantidade enquanto ele estiver trabalhando.

Crie um programa de fichas ou sistema de pontos doméstico

O PROGRAMA DE FICHAS DOMÉSTICO (PARA IDADES DE 4 A 8 ANOS)

1. Pegue um conjunto de fichas plásticas (como as usadas em jogo de pôquer) e atribua um valor a cada ficha, por exemplo: 1 ponto

para cada ficha de qualquer cor para idades de 4 e 5 anos; valores diferentes para cores diferentes para idades de 6 a 8 anos.

2. Explique a seu filho que você acha que ele não tem sido recompensado o suficiente por fazer coisas boas em casa e você quer definir um novo programa de recompensas para que ele ganhe privilégios e presentes por se comportar bem.

3. Façam juntos um "banco legal" para as fichas ganhas. Divirta-se decorando o "banco" com seu filho.

4. Juntos, criem uma lista de 10 a 15 privilégios que seu filho ganhará com as fichas – tanto privilégios especiais ocasionais, como ir ao cinema, jantar em restaurante, praticar jogos de salão – quanto privilégios cotidianos que seu filho considera garantidos como TV, videogames etc.

5. Faça uma segunda lista de trabalhos e atividades domésticas que você costuma pedir a seu filho: arrumar a mesa, tarefas de autocuidado como escovar os dentes antes de dormir, tarefas de autoajuda que normalmente são um problema etc.

6. Decida quantas fichas cada trabalho ou tarefa doméstica vale. Para crianças de 4 e 5 anos, atribua de uma a três fichas para a maioria das tarefas e, talvez, cinco para trabalhos maiores. Para crianças de 6 a 8 anos, use uma gama de 1 a 10 fichas e uma quantidade maior para trabalhos mais exigentes. Lembre-se de que quanto mais difícil o trabalho, mais fichas você pagará.

7. Agora some aproximadamente quantas fichas você acha que sua filha vai ganhar em um dia comum se ela fizer a maioria das tarefas. Depois, decida quantas fichas ela terá de pagar por cada recompensa que você listou. Geralmente, dois terços das fichas diárias de sua filha devem ser gastos em privilégios diários comuns. Assim a criança poupa cerca de um terço de suas fichas diárias para a compra de alguma das recompensas muito especiais da lista.

8. Diga a seu filho que ele terá uma chance de ganhar fichas "bônus" quando fizer uma tarefa de modo agradável, rápido e gentil. Dê

essas fichas quando ele tiver feito uma tarefa de uma maneira especialmente agradável e rápida.

9. Explique à criança que as fichas só serão dadas por tarefas que forem feitas no primeiro pedido. Se você tiver de repetir uma ordem, ela não receberá nenhuma ficha pela tarefa.

10. Finalmente, tenha certeza de estar atento durante toda a semana para dar fichas por qualquer pequeno comportamento apropriado. Lembre-se, você pode recompensar seu filho mesmo por bons comportamentos que não estão na lista de tarefas. Esteja alerta para oportunidades de recompensar a criança.

Observação: Não tire fichas por comportamento ruim na primeira semana!!!

O SISTEMA DE PONTOS DOMÉSTICO
(PARA IDADES DE 8 ANOS OU MAIS)

1. Pegue um caderno e crie um extrato bancário com cinco colunas: data, item, depósitos, retirada e saldo atual. Quando seu filho for recompensado com pontos, inclua o trabalho na coluna "item" e anote a quantia em "depósito". Adicione isso ao saldo da criança. Quando ele comprar um privilégio com os pontos dele, anote o privilégio na coluna "item", insira a quantia na coluna "retirada" e deduza essa quantia do "saldo". O programa funciona como o sistema de fichas, exceto que os pontos são registrados no caderno.

2. Siga o programa de fichas, mas use um intervalo de 5 a 25 pontos para a maioria das tarefas diárias e até 200 pontos para trabalhos muito grandes. De modo geral, você pode pagar 15 pontos para cada 15 minutos de trabalho estendido que uma criança tem a fazer. Só os pais podem escrever no caderno de pontos.

Fornecer recompensas externas ensina seu filho a se automotivar?

Como você sabe, a maioria dos adultos precisa ser paga para ir trabalhar todos os dias e fazer o trabalho conforme esperado. Não ultrapassamos necessariamente a necessidade de recompensas externas. Mas isso significa que as crianças com TDAH nunca vão aprender a se motivarem? É claro que não. A esperança é que, conforme cresçam, internalizem os métodos que você usou para motivá-los e criem alguns próprios. Os adolescentes costumam ser muito bons com a autoconversa necessária para fazer uma tarefa, como um trabalho de final de ano exige. Ou eles criam as próprias pequenas recompensas que podem ganhar depois de cada bloco de trabalho, por exemplo: seus salgadinhos prediletos depois de cada parágrafo escrito para o trabalho de final de ano ou 5 minutos usando o videogame favorito a cada mudança de página.

Isso não quer dizer que seu filho com TDAH nunca vai deixar de precisar dessas recompensas externas para continuar tarefas complicadas ou tediosas (Quem dentre nós, adultos, não precisa delas?). Com seu apoio amoroso e incentivo persistente, você transmitirá as estratégias motivacionais, e elas vão amadurecer com seu filho. Meu livro *Taking charge of adult ADHD* tem ideias para traduzir muitas das estratégias que uso com crianças para o mundo adulto. Entretanto, devo enfatizar que é importante aplicar essa ideia completa do modo correto. Fique atento para não exagerar nas recompensas, como explico a seguir.

1. Não ofereça recompensas para *todas as coisas*. Algumas coisas que você quer que seu filho faça serão motivadoras o bastante para que você não tenha de oferecer nenhuma recompensa material nem privilégio para que ele as faça. Deixá-lo ajudar você a cozinhar, fazer compras (empurrar o carrinho, escolher itens específicos nas prateleiras etc.), participar da jardinagem e em outras tarefas geralmente é divertido para ele. Pode haver também tipos de tarefas escolares ou outras tarefas domésticas que ele *ache* intrinsecamente interessantes, como trabalhar com determinado assunto de Ciência ou História ou mesmo alguns aspectos da Matemática. Cada criança é diferente, por isso, o que cada uma acha intrinsecamente interessante o bastante para sustentar sua curiosidade e seu trabalho também será diferente.

Existem algumas evidências de pesquisa, embora não consistentes, que sugerem que quando você recompensa crianças típicas por coisas que elas já achavam interessante fazer, como ler livros por prazer, pode provocar um declínio em sua motivação para continuar essas atividades quando as recompensas externas são retiradas. Talvez isso aconteça porque a criança passa a se concentrar nos motivadores externos mais óbvios e fortes que você está fornecendo, que substituíram os menos intrínsecos. Ou talvez pagar à criança para fazer algo de que ela gosta torna a tarefa menos interessante para ela, de alguma maneira. Qualquer que seja a explicação é possível fornecer tantas recompensas e com tanta frequência que passe a interferir na aprendizagem de melhores hábitos de trabalho e na aquisição de motivação intrínseca para fazer coisas. Isso fica confuso ao aplicarmos a crianças com TDAH que já sofrem de déficits na motivação interna, mas é bom ter em mente, ao ajudar sua filha com TDAH: não a recompense por coisas que ela já acha agradável fazer por si mesma; guarde as recompensas artificiais para as tarefas nas quais ela tem dificuldade de concluir.

É fácil exagerar com o sistema de fichas ou pontos (veja o quadro anterior) uma vez que ele comece a funcionar; você pode ser tentado a colocar todas as coisas que pede a seu filho na lista. Nós costumamos brincar que em algumas famílias a criança acaba ganhando fichas por fazer praticamente tudo exceto respirar, e mesmo isso às vezes é discutível! No entanto, falando sério: alguns pais querem que seu filho ganhe recompensas por quase todo comportamento exigido da criança, de forma que recebe praticamente todos os privilégios disponíveis na casa. O resultado é que a criança é quase sufocada psicologicamente com a intensidade do programa e com a exigência de que ganhe para o que deseja fazer. O resultado, nesses casos raros, foi que a criança perdeu todo o interesse pelo programa de recompensas ou ficou estressada por causa de todas as coisas que tinha de ganhar pelo sistema de fichas.

Em vez disso, dê um pouco de folga e deixe que ela tenha alguns privilégios, recompensas físicas como guloseimas ou pequenos brinquedos, somente por existir e fazer parte da família. Afeto, aprovação, respeito, dignidade e um olhar incondicional positivo são parte dos relacionamentos familiares naturais. Dar aos filhos favores e atividades especiais deve ser não contingente às vezes, o que significa que as crianças não devem ter de fazer nada para recebê-los. Continue a usar o sistema de recompensas para motivar seu filho a fazer coisas que não estão sendo feitas e que realmente precisam ser feitas.

2. Assegure-se de que seu filho não fique obcecado com ganhar as recompensas. Ele está começando a acumular fichas ou pontos e se recusa a usá-los para comprar privilégios? Eu vi isso em ocasiões suficientes alertar os pais da possibilidade. Se acontecer com você, defina uma política de "use ou perca", de modo que a criança tenha de gastar uma parcela das fichas ou pontos recebidos a cada semana ou ela será retirada de sua conta bancária.

3. Tome cuidado para que as recompensas não distraiam seu filho da tarefa. Eu descobri que isso é mais comum com crianças mais novas com TDAH, como as que estão no Jardim de Infância ou no primeiro ano. Nós criamos um sistema de fichas nas classes de Jardim de Infância que eu planejei e gerenciei como parte de um estudo clínico. As crianças com TDAH podiam ganhar fichas com os diversos tipos de trabalho que lhes eram pedidos. Elas também podiam recebê-las por seguir as regras da sala de aula, fazer o que foram instruídas e interagir bem com outras crianças. Tudo isso parecia muito razoável na teoria. No entanto, na prática descobrimos que colocar as fichas nas carteiras das crianças que ganharam a recompensa distraía as crianças do trabalho que estavam fazendo ou atrapalhavam a atenção para o que a professora estava ensinando. Em vez disso, as crianças começavam a brincar com as fichas, contando-as, empilhando-as, falando no que iriam gastá-las no próximo «intervalo de troca de recompensas», quando poderiam trocá-las por diversos privilégios na sala de aula. Outros pesquisadores de campo na época também notaram esse problema.

Uma solução encontrada foi prender pequenas bolsas de tecido de cores lisas nas costas das blusas ou suéteres das crianças. Depois, quando a professora lhes dava uma ficha por seguir instruções, trabalhar ou outro bom comportamento, ela mostrava a ficha a elas, colocava na bolsa e lhes dava uma batidinha ou um aperto carinhoso no ombro. Isso manteve as fichas fora do campo de visão e evitou que se transformassem no único foco do pensamento da criança no momento.

PRINCÍPIO

8

TORNE O TEMPO CONCRETO

Como explicado brevemente na **Introdução**, crianças com TDAH parecem cegas para o tempo e são especialmente míopes em relação ao futuro. Elas têm grande problema com a percepção e o uso do tempo, o que torna muito difícil o autogerenciamento dos horários. Esta é uma das descobertas mais importantes sobre a natureza do TDAH nas últimas décadas, e causa enormes implicações no dia a dia de seu filho.

O PROBLEMA: O tempo escapa das crianças com TDAH.

Como você certamente já observou, crianças com TDAH parecem ser incapazes de ver e lidar com algo que não esteja acontecendo no momento ao redor delas — o agora. Todas as pessoas desenvolvem um senso de tempo, mas isso não acontece de uma vez. Esse desenvolvimento ocorre mentalmente, com poucos sinais visíveis, por isso é difícil saber se alguma coisa está indo mal. Mas algo vai mal, como fica evidente quando as tarefas que envolvem tempo e momento corretos começarem a ser cobradas.

Como as crianças desenvolvem o senso de tempo

À medida que crescem, as crianças podem prever com mais antecedência a probabilidade dos eventos e se preparar para eles. Os bem pequenos podem prever o que tem probabilidade de acontecer apenas alguns minutos à frente. Na primeira metade do Ensino Fundamental, essa visão futura se amplia para algumas horas e, na segunda metade do EF pode ficar entre 8 a 12 horas.

Primeiro vem a visão retrospectiva. O senso de tempo parece começar com a criança sendo capaz de olhar para trás. Ao encontrar uma situação desconhecida, a maioria delas para e pensa nos eventos que experimentaram e podem ser relevantes para o que está acontecendo no momento antes de decidir como agir.

Depois vem a previsão. Conforme amadurecem e acumulam cada vez mais conhecimento sobre as sequências passadas de eventos, passam a usar esse acúmulo de conhecimentos para prever o que pode acontecer a seguir. É o início da previsão. Com o desenvolvimento, a capacidade de previsão aumenta e a janela de tempo, ou horizonte de tempo, estende-se ainda mais longe no futuro. Com isso elas passam a pensar, prever e, o mais importante, agir para se preparar para os eventos que virão.

O que acontece com as crianças que têm TDAH?

As crianças com TDAH não usam essa combinação de visão retrospectiva e previsão muito bem. Elas têm menos probabilidade de pensar no passado porque são muito impulsivas. E sem o benefício das experiências passadas que podem trazer indicações sobre como se comportar agora, não aprendem a usar a habilidade de previsão para pensar no futuro. Em vez disso, tomam decisões imediatas e baseadas, em grande medida, nos sentimentos momentâneos.

Como pai de uma criança com TDAH, você sabe muito bem como isso funciona. Seu filho parece ricochetear para todo lado como uma bola de fliperama, reagindo a um evento imediato depois do outro sem nem ver o que pode estar à frente ou se ele poderia fazer algo para guiar seu próprio caminho em vez de estar à mercê de impulsos transitórios. Infelizmente, quem não entende a cegueira temporal que é parte do TDAH costuma acreditar que a criança simplesmente não se importa com as consequências de suas ações. Pensam que esse comportamento é uma escolha consciente originária de falha moral em vez de um problema neurológico que deixa a criança sem a capacidade de até mesmo considerar o futuro.

As crianças com TDAH não conseguem olhar tão longe à frente quanto as outras. É um exagero, felizmente, dizer que crianças com TDAH não pensam em nada a não ser no presente. Conforme crescem, elas desenvolvem a capacidade de pensar sobre o futuro e prevê-lo, mas não tão à frente quanto as outras crianças da mesma idade (veja na **Introdução** a figura que compara crianças típicas com crianças com TDAH). Esse problema em perceber, pensar no futuro e lidar com o tempo continua até a idade adulta: as pessoas com TDAH são rotineiramente menos capazes de lidar com o tempo, o momento e a oportunidade dos eventos e suas repercussões na vida diária. É claro, isso também significa que terão probabilidade muito menor de se envolver na administração do tempo, que é essencialmente como administramos nossas ações em relação a prazos, promessas para o futuro e a probabilidade de eventos vindouros.

Esse é um problema importante e grave porque, conforme as crianças crescem, espera-se que lidem efetivamente com responsabilidades que dependem de tempo: prazos, promessas, compromissos, metas, tarefas atribuídas e compromissos agendados. De fato, quanto mais velhas as crianças se tornam, espera-se que concluam mais tarefas que envolvem visão de tempo e de futuro. Como pai, você conhece de perto o problema. Em uma pesquisa nacional com crianças nos Estados Unidos, pedi aos pais que avaliassem as funções executivas dos filhos. Eles relataram que seus filhos com TDAH tiveram o dobro de problemas com administração do tempo em comparação com as crianças típicas. Quase todas as crianças com TDAH eram muito piores em administração do tempo do que 93% das crianças típicas! Nossos estudos de adultos com TDAH também mostraram que mais de 90% se situam nos 7% mais baixos da população na capacidade de se envolver efetivamente na administração do tempo.

As crianças com TDAH não conseguem usar seu sentido de tempo para controlar o comportamento. Aparentemente o problema não é que essas crianças tenham problema com a *percepção* do tempo. Em um estudo, pedimos a pessoas com TDAH que observassem uma lâmpada apagada. Então, a ligamos por um curto período e, depois, desligamos novamente. Quando pedimos a elas que ligassem a luz pelo mesmo tempo, elas se saíram geralmente duas vezes pior na tarefa do que pessoas típicas da mesma idade. No entanto, as mesmas pessoas com TDAH foram capazes de nos dizer a duração de um período que lhes era mostrado. É como se não conseguissem usar esse conhecimento para regular o próprio comportamento — nesse caso, manter o intervalo em mente e, depois, reproduzir o intervalo de modo preciso. Em resumo, o problema principal é o uso que fazem do senso de tempo para guiar o próprio comportamento enquanto realizam uma tarefa. É claro que ser capaz de perceber uma duração temporal com precisão não é suficiente para decidir o que fazer se não for capaz de usar esse senso de tempo para controlar a si mesmo.

O tempo parece passar mais devagar na mente das crianças com TDAH. É contraintuitivo, mas pessoas com TDAH parecem "sentir" psicologicamente o tempo passando muito mais devagar do que ele realmente passa ou do que as outras pessoas percebem. Isso gera dois problemas importantes:

- *Elas superestimam o tempo que têm para concluir alguma coisa.* As crianças com TDAH normalmente pensam que têm muito tempo para fazer suas tarefas quando na realidade não têm, nem de perto, o tempo que pensam. Os prazos, portanto, chegam muito antes do que a criança espera. Quando seu filho com TDAH de repente lhe diz, na hora de dormir, que precisa criar um modelo de vulcão para levar para a escola no dia seguinte, sem dúvida você reagirá com exasperação e provavelmente não conseguirá acreditar que seu filho não conseguiu prever esse prazo, de novo. Mas essa é uma manifestação comum da cegueira temporal do TDAH: a filha pensa que tem mais tempo do que realmente tem para terminar uma tarefa, então ela enrola, se distrai com outras coisas ou, de modo geral, desperdiça algum tempo porque acha que tudo bem fazer isso, já que tem muito tempo. E aí, pronto, o tempo real acaba, o futuro chega, e ela não está pronta.
- *Elas ficam muito impacientes quando alguém lhes pede para esperar.* Crianças com TDAH são famosas por reclamar de ter de esperar

para que alguma coisa aconteça e tentam usar atalhos ou escapar da situação que envolve esperar. Peça que se alinhem contra uma parede na sala de aula para se prepararem para o recreio: elas ficarão tamborilando, perturbando os outros, empurrando para chegar na frente da fila ou simplesmente irão diretamente em frente. Certamente farão bagunça, tentarão abrir a porta, reclamar da demora, perguntar quanto tempo falta para saírem e expressar de várias maneiras impaciência com essa exigência de simplesmente esperar. Vai fazer uma longa viagem de carro com seu filho? Prepare-se para que seja insuportável. A pergunta "Já chegamos?" será feita incessantemente. Ter de esperar aumenta não só a impaciência e a frustração das crianças com TDAH, mas a hiperatividade. Ações como tamborilar, contorcer-se, brincar com coisas, tocar os outros e fazer várias palhaçadas aumentam quando têm de esperar – é o jeito de marcarem o tempo. E isso pode ser bem perturbador, especialmente em lugares como escola, igreja ou lojas, nos quais se espera que as crianças fiquem quietas e não há nada para fazer enquanto estão esperando. Como me disse um adolescente com TDAH: "Esperar é um inferno!"

As crianças com TDAH não conseguem planejar quando o horizonte de tempo para um projeto é longo. Vamos pegar uma tarefa de relatório de leitura como exemplo. As instruções são mais ou menos assim: "Você tem duas semanas para ler o livro e entregar um relatório sobre ele. O professor vai demorar alguns dias para dar nota nos relatórios; depois, você saberá qual foi sua nota nesse trabalho". Até as crianças típicas têm dificuldades com esse nível de administração do tempo e auto-organização. Mas a criança com TDAH não consegue nem mesmo gerenciar bem um intervalo de 18 segundos e, ainda assim, recebe intervalos de dois dias a duas semanas para administrar. Sempre que você insere um espaço temporal em qualquer projeto e pede a seu filho com TDAH para fazer, efetivamente dificulta a conclusão do projeto. Ele simplesmente não é capaz de manter esses intervalos de tempo em mente, usá-los para planejar com antecedência e, depois, concluir as tarefas como programado. Como observado no Princípio 7, essa é uma razão poderosa pela qual os videogames têm apelo tão grande para pessoas com TDAH:

os intervalos de tempo entre ação e consequência (especialmente recompensas) são muito curtos.

A SOLUÇÃO: **Externalize tempo e, depois o divida.**

Existem diversas maneiras muito concretas para compensar a falta de relógio interno de seu filho. Mas antes de chegarmos a elas, aqui está uma diretriz importante que você deve ter em mente: **Lembre-se de que sempre que você coloca um limite de tempo em alguma coisa para seu filho com TDAH, está atrapalhando a criança.** Isso parece duro, mas é crucial para usar administração de tempo com qualquer criança que tenha TDAH. Primeiro, vamos deixar uma coisa bem clara: nós não administramos o tempo. O tempo é o tempo. Ele é uma dimensão de nosso universo físico. Então, quando dizemos que nos envolvemos em administração do tempo, não está muito correto. Em vez disso, o que realmente fazemos (e queremos dizer com essa expressão) é que administramos nosso próprio comportamento em relação ao fluxo do tempo. Tentamos nos alinhar e engajar nossas ações nos momentos mais apropriados para sermos o mais efetivos possíveis em nossos planos, atingir nossas metas e nos preparar para o futuro. Porém, como já explicado, crianças com TDAH são fracas nessa habilidade. Isso significa que quando você dá a sua filha um limite de tempo para fazer alguma coisa, está automaticamente tornando tudo mais difícil para ela. Você está pedindo que faça algo que o transtorno garante que ela não consegue fazer tão bem como outras pessoas da mesma idade.

Use relógios externos para tarefas curtas

Como o relógio interno não consegue guiá-las bem quando estão fazendo uma tarefa, as crianças com TDAH precisam depender mais do que as outras de relógios externos que mostram a passagem do tempo e precisam que os pais as ajudem a fazer isso. Então, quando você pedir a seu filho que faça uma tarefa em um período de tempo relativamente curto, como uma hora ou menos, precisa colocar algum tipo de lembrete de tempo na frente dele.

Um cronômetro de cozinha de dar corda. É como os cronômetros que sua avó usava na cozinha. Você simplesmente dá a instrução que envolve o intervalo de tempo ("Você tem 15 minutos para fazer ________________."), define o cronômetro para esse período e o coloca na frente da criança.

Seu próprio dispositivo de tempo, como um registro em um gravador digital que conte para trás a partir de um intervalo de tempo específico como de 15 ou 20 minutos até zero. Só o use quando a criança tiver uma tarefa com essa duração a fazer. Leva um tempinho para criar isso, mas a novidade ajuda as crianças a prestar atenção à passagem do tempo. Dito isso, a representação visual do tempo é melhor do que a auditiva.

Um cronômetro no celular. Garanta que a tela fique visível e não desligue depois de um breve intervalo para economizar energia. Eu gosto menos dos cronômetros analógicos (redondos) do que dos digitais para esse objetivo específico porque eles não mostram tão bem os pequenos intervalos de tempo nem quanto tempo passou e quanto ainda sobra apenas como um olhar. Mas para intervalos maiores, como 30 minutos ou uma hora, os grandes relógios analógicos também são bons.

Um grande temporizador. Esse dispositivo foi projetado especificamente para pessoas com TDAH. É um relógio que contém um disco vermelho. Você pode definir o temporizador para até uma hora (o relógio então fica todo vermelho) e, conforme o tempo passa, a parte do disco que é vermelha vai ficando menor. É ótimo para fazer tarefas domésticas, lição de casa ou outras atividades em que é útil ter um marcador de tempo bem visível. Ele também pode mostrar em uma olhada rápida quanto tempo se passou e quanto você ainda tem antes do final do prazo.

***Downloads* de *apps* de cronômetros e temporizadores para *tablet*, iPad ou celular.** Incluem relógios tradicionais com rostos, "bombas" de tempo, personagens de desenho animado correndo, ampulhetas virtuais e outros. O truque aqui é ter certeza de que o dispositivo de tempo está visível enquanto a criança trabalha.

Reduza ou elimine as lacunas de tempo (atrasos) em tarefas de projetos de longo prazo

Sempre que haja grandes lacunas de tempo entre as instruções, o ponto em que alguém precisa segui-las e, depois, as consequências para a conformidade persistente, as crianças com TDAH tendem a abandonar o trabalho (lembra-se do exemplo do relatório do livro?). Elas não avaliam quanto tempo têm, ficam entediadas, largam a tarefa, ficam inquietas e agitadas e simplesmente não obedecem. A tarefa nunca é concluída e, mesmo que seja terminada, pode não ser entregue a tempo. A solução é o que sugeri no Princípio 7: reduzir os atrasos dividindo a tarefa em blocos menores, com intervalo curto de tempo em cada um (visível) e uma recompensa por conclusão.

Divida o projeto pelo número de dias até o final do prazo. Vamos usar o exemplo do relatório de livro, que precisa ser feito nas próximas duas semanas. Divida a duração da leitura do livro em 13 dias. Diga a seu filho que ele vai ler um pouco do livro e fazer o relatório todos os dias e pode ganhar algum tipo de recompensa de que goste por concluir cada segmento. A recompensa precisa ser dada logo depois de o trabalho ser feito. Então, faça-o ler um doze avos do livro cada noite com você e fazer anotações. A criança pode até usar rabiscos ou desenhos em vez de frases ou palavras. Acredite ou não, temos mais probabilidade de lembrar coisas que desenhamos, mesmo rabiscos simples, do que palavras ou descrições escritas. Agora, faça a criança criar várias sentenças sobre aquilo que ele acabou de ler nas anotações. Ele pode usar um processador de texto para digitar ou você pode fazer isso, se ele ainda não souber usar bem um processador de texto. Faça todos os dias, por 13 dias, e terá o material bruto necessário para fazer o relatório do livro. No 14º dia, use o tempo à noite ajudando seu filho a revisar, editar, passar corretor ortográfico e refinar o trabalho. Agora ele está pronto para entregar o relatório no dia seguinte.

Use cartões de arquivo de 7 cm × 13 cm para projetos com várias etapas. Escreva uma etapa em cada cartão, depois, coloque-os na sequência em que devem ser feitas. Escreva no alto do cartão o dia e horário em que você e seu filho farão essa etapa juntos. Você pode até escrever as etapas em notas adesivas e colocar cada nota no dia e horário apropriado em um calendário semanal, bem visível. De qualquer modo, a tarefa está dividida em etapas e um horário foi escolhido para cada etapa. Mantenha em um local que sua criança, adolescente e você possam ver e consultar com frequência para saber quando a próxima etapa será feita.

Divida tarefas em etapas mais curtas nas quais seu filho tenha dificuldade. Considere a tarefa noturna de Matemática. Foi pedido a seu filho que fizesse 30 problemas em uma folha. É uma quantidade grande de trabalho para uma criança com TDAH fazer de uma só vez. Você pode eliminar a incapacidade de lidar com o tempo da criança simplesmente fazendo a mesma coisa do exemplo anterior do relatório do livro. Diga a seu filho que faça cinco ou seis problemas. Dê a ele uma pequena recompensa ou alguns pontos em um sistema de pontos ou fichas. Depois, deixe que faça um intervalo breve de alguns minutos. Agora, diga a ele para fazer os próximos cinco ou seis problemas. Mais uma vez, recompense-o e lhe dê um intervalo de um ou dois minutos. Continue assim e, rapidamente, toda a tarefa será feita, mas em cinco ou seis etapas em vez de uma (veja o próximo quadro). Praticamente qualquer tarefa que leve mais de 5 ou 10 minutos pode ser dividida desse modo para ser mais compatível com o TDAH de seu filho e os 30% de atraso na idade executiva (IE) discutida no capítulo sobre o Princípio 3.

E o *seu* tempo?

Sim, dividir as tarefas desse jeito faz com que demore um pouco mais do que outra criança levaria, isso significa que também vai tomar o seu tempo. Mas não vai demorar tanto quanto para uma criança com TDAH sem apoio, que provavelmente nem conseguiria fazer essa tarefa como estruturada originalmente sem que você tivesse de implorar repetidamente para que ela voltasse ao trabalho, o que não daria certo (veja o Princípio 7). Além disso, ao dividir a tarefa em partes menores, você mantém toda a tarefa positiva porque está ajudando seu filho a ganhar competência e confiança, fazendo-o ver que é fácil realizar a tarefa, mantendo-o motivado com pequenas recompensas e tornando menos custoso o trabalho. Tudo isso gera um relacionamento positivo com seu filho.

Crie uma linha do tempo diária para os dias de aula. A linha do tempo é feita em uma longa folha de papel (ou muitas folhas de papel coladas). Para crianças menores, pode conter imagens de cada atividade de rotina que a criança faz nos dias da semana, coladas em sequência. Em cada imagem, na parte superior, escreva o horário habitual em que são feitas. Para crianças mais velhas, pode ser simplesmente uma lista com duas colunas: na segunda liste as atividades de um dia normal que podem ser subdivididas em seções do dia; na primeira coluna, para cada tarefa ou subdivisão, especifique os horários usuais em que cada atividade é feita. Pendure a linha do tempo no quarto da criança ou na cozinha. Por exemplo, a lista seguinte inclui as tarefas simples que a criança deve fazer em um dia comum de aula.

- Acordar.
- Lavar-se.
- Vestir-se.
- Tomar café.
- Escovar os dentes.
- Pegar a mochila com livros e lanche, se necessário.
- Entrar no carro ou ir até o ponto de ônibus.
- Ir para a escola (se o dia escolar seguir uma rotina, você pode adicioná-la a esta linha do tempo).
- Almoçar/lanchar depois da escola.
- Brincar.
- Fazer lição de casa.
- Jantar (ou jantar antes da lição de casa).
- Assistir à TV ou jogar videogame.
- Ler com a mãe ou o pai.
- Escovar os dentes.
- Tirar a roupa e colocar o pijama.
- Ir dormir.

Para crianças mais velhas, você pode fazer só uma linha do tempo depois da aula e expor na cozinha, mostrando as tarefas domésticas que devem ser feitas e em qual momento. Coloque a linha do tempo mais curta onde fique bem visível, como na porta da geladeira ou de um armário. Você também pode fazer uma linha do tempo de tarefas domésticas para o fim de semana.

Use um calendário para mostrar a seu filho quantos dias ainda faltam antes de uma atividade ou evento especial (aniversário, feriado, férias etc.). Lembre-se de que o tempo passa muito lento quando uma criança com TDAH está esperando um evento futuro! Faça seu filho marcar os dias a cada manhã para que rastreie visualmente quantos dias faltam.

Gerencie o tempo de espera: distração com atividades

Falando de esperar, há momentos em que esperar é inevitável, como salas de espera para consultas médicas, filas para comprar coisas ou quando uma criança tem de esperar antes de fazer coisas de que gosta (ir ao cinema, por exemplo). O que você pode fazer para ajudar sua filha a esperar?

Leve algo divertido. Em muitas famílias modernas, os pais instalam vídeos divertidos ou jogos de palavras no celular para o filho se distrair enquanto espera. Ou leve um brinquedo pequeno com o qual a criança goste de brincar e ajude a passar o tempo.

No caso de esperas imprevistas, seja criativo e aja depressa. Mesmo que não tenha levado nada, você ainda pode pensar em coisas para fazer. Todos os pais estão acostumados a pegar na bolsa algo com que desenhar quando a comida demora demais para chegar em um restaurante. Ou cante um pouco, comece um "jogo de estrada" quando o trânsito mantiver vocês presos no carro por muito tempo. Use a imaginação e seu conhecimento do que é divertido para seu filho, mas faça antes que a criança fique irritada ou comece a choramingar.

PRINCÍPIO

9

SE A MEMÓRIA DE TRABALHO NÃO FUNCIONA, *descarregue-a e torne-a física!*

O PROBLEMA: Crianças com TDAH não conseguem manter na mente as informações de que precisam para concluir as tarefas.

A definição mais simples de memória de trabalho é "lembrar do que fazer". Como observado na **Introdução**, seu filho e outras crianças com TDAH têm dificuldade com esse tipo especial de memória, que é semelhante ao GPS do carro, mas serve para guiar o comportamento na direção de um objetivo e ao futuro, de modo geral. Como um GPS, essa memória especial usa imagens (visão retrospectiva e de previsão) e palavras (autoinstruções) que são mantidas ativamente na mente para controlar o comportamento em direção a um objetivo. Mas a criança com TDAH parece menos capaz de lembrar-se dessas imagens e instruções e, principalmente, de tê-las em mente ao trabalhar. Quando ocorre qualquer distração, a pequenina memória de trabalho que ela tem é apagada. Sem ela, a criança vagueia sem direção, fazendo o que parece agradável no momento, como um carro com GPS defeituoso.

O TDAH é um transtorno em que a pessoa faz o que sabe, mas não sabe o que fazer

Essa fraqueza na memória de trabalho me ensinou algo muito importante sobre o TDAH: é um transtorno de desempenho, não de habilidade. Em quase todos os casos, as crianças com TDAH **sabem o que a maioria das crianças da mesma idade sabe**. Mas não conseguem usar esse conhecimento para guiar e controlar seu comportamento em situações específicas nas quais fazer isso traria grande diferença positiva no resultado. Josh, de 10 anos, tenta voar sobre uma vala com seu *skate* e cai no chão ferindo os joelhos porque não reteve na mente que já tentou fazer isso antes e caiu. Depois das primeiras tentativas, ele percebeu que a vala tem 1,80 m e não é possível alcançar velocidade suficiente ao passar pela rua para pular. Mas ele não consegue transformar essa visão retrospectiva em previsão para não repetir a tentativa. É claro que a inclinação para agir sem pensar significa que, mesmo da primeira vez que tentou esse salto, ele não podia acessar seu conhecimento das experiências de *skate* anteriores ou mesmo sua capacidade natural para julgar distâncias num tempo rápido o suficiente para parar e pensar melhor antes de fazê-lo.

Infelizmente, quem tem TDAH costuma evitar usar a visão retrospectiva para aprender com os erros porque parece muito desmoralizante reconhecer repetidamente que deveriam ter pensado melhor. Então, eles simplesmente continuam seguindo o próximo impulso.

Seu filho não é pouco inteligente

O diagrama cerebral a seguir pretende ajudar você a entender que, em um sentido muito real, o TDAH separa as duas partes do cérebro uma da outra – a metade de trás, em que o conhecimento acontece, e a metade frontal, em que acontece a ação. A maioria das crianças com TDAH não tem nenhum problema em "saber". O fato de que esse conhecimento não é expresso em seu comportamento é que leva muitos observadores a pensarem que essas crianças não têm problema algum. Não é de surpreender que elas fiquem desmoralizadas e tentem evitar esse sentimento. Muitas pessoas pensam que a maneira que agem significa que essas crianças não são inteligentes. Ao contrário, as crianças com TDAH sabem praticamente o mesmo que as outras da mesma idade e cultura! Elas têm a mesma gama de aptidões intelectuais que vemos em toda a população.

O cérebro como um dispositivo de conhecimento e não de desempenho

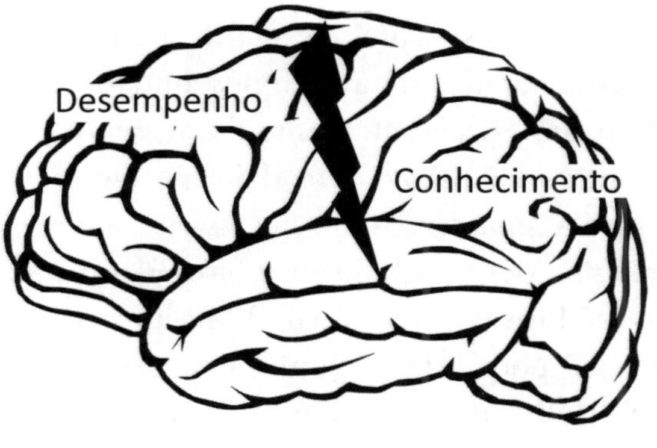

Seu filho não é "ruim"

Se você muitas vezes fica bravo com sua filha com TDAH, provavelmente é porque sabe que ela não é pouco inteligente. Então por que ela ***não*** usa o conhecimento que você sabe que ela tem para fazer o que se espera dela? Infelizmente, alguns pais e outras autoridades concluem que a criança deve simplesmente ser irresponsável, cruel e "má". Por isso é muito importante lembrar a si mesmo que o comportamento de sua filha não é uma questão de "não querer", mas de **não poder** – lembre-se disso porque é um conceito real muito poderoso para promover um relacionamento positivo e duradouro com sua filha, de modo que você possa ajudá-la com toda sua capacidade. As pessoas com TDAH ***não escolhem*** agir impulsivamente e desconsiderar o que sabem para se comportar mal em várias situações. **Elas têm um problema inerente de base cerebral com a memória de trabalho e o controle de impulsos.**

Você não pode "consertar" uma criança com TDAH ensinando conhecimento e habilidades

Décadas de pesquisa sobre treinamento de habilidades com crianças e adolescentes com TDAH mostraram que isso não dá muito certo. No entanto, muitos professores e profissionais continuam seguindo esse caminho porque acham que as crianças com TDAH agem tão mal porque simplesmente não sabem se comportar bem. "Ei, se seu filho não tem amigos e se comporta mal perto de outras crianças, vamos colocá-lo em um grupo de habilidades sociais." "Se sua filha é mal organizada ou não consegue administrar bem o tempo, vamos ajudá-la com habilidades de organização." Essas frases aparentemente fazem sentido. Mas as habilidades e o conhecimento não são o verdadeiro problema aqui. O problema é usar as capacidades ***quando*** elas são necessárias, ***onde*** seriam úteis. Essas crianças podem aprender as habilidades? Sim. Elas precisam ser treinadas nessas habilidades? Provavelmente não. Um curso de recapitulação em habilidades especiais pode ser de alguma ajuda, **mas será que elas vão usar essas habilidades nas situações em que deveriam fazer isso? De jeito nenhum.**

É um grande desperdício de tempo e energia tentar ensinar a crianças com TDAH informações e habilidades que o cérebro delas não pode acessar facilmente nem vão empregar na prática quando e onde for importante. Isso se aplica não só ao modo que você tenta ajudar seu filho pessoalmente, mas a terapias e métodos de educação especial: evite os que se concentrem somente em treinamento de habilidades e conhecimento. Em vez disso, altere o "ponto do desempenho" para ajudar a criança a mostrar o que sabe. O ponto do desempenho é o lugar no ambiente natural em que usar esse conhecimento ou conjunto de habilidades seria útil. **Modifique o ambiente** para estimular e dar pistas a sua filha e recompense-a por demonstrar e usar esse conhecimento nesse lugar e nesse momento. **Toda ajuda paterna eficaz e todos os tratamentos eficazes acontecem no *ponto de desempenho.***

Esse conselho significa ajudar seu filho a contornar a maioria dos déficits da função executiva de TDAH. Quando se trata de ajudar a superar uma memória de trabalho fraca a solução é direta: não exija que ele se lembre de todo o conhecimento e das habilidades de que precisa ou que os mantenha em mente enquanto trabalha.

A SOLUÇÃO: **Descarregue a memória de trabalho e torne-a física.**

Pense no que seu filho precisa saber ou lembrar ao fazer uma tarefa específica. Tenha em mente que ele pode não se lembrar e não mantém as etapas na mente enquanto trabalha nela.

Transfira as informações necessárias para um dispositivo de armazenamento visível fora do cérebro de seu filho. Em vez de exigir que a criança lembre da informação, transfira as informações importantes para uma folha de papel e coloque-as em *post-it*, cartões de arquivo ou gráficos. Torne-as físicas e coloque-as onde seu filho possa vê-la quando necessário, isso é, no ponto de desempenho para a tarefa. **Faça listas.** Quando você rotineiramente escreve uma lista de "coisas a fazer", é exatamente isso o que faz: escreve suas ideias (descarrega-as) em um espaço físico (papel) para armazená-las e recuperá-las mais facilmente. Você também coloca sua lista em algum lugar onde possa vê-la com frequência. Tudo isso o ajuda a lembrar-se do que fazer. Todos nos beneficiamos de apoios para a memória de trabalho, mas seu filho com TDAH realmente **precisa** deles. Então, experimente manter listas curtas e simples para sua filha sobre tarefas (veja "Faça cartões de tarefas" a seguir), lições de casa, regras da casa e qualquer outra coisa que você queira que a criança tenha em mente quando ela ***não puder*** fazer isso sozinha, e coloque-os onde ela precisa ver quando o trabalho tiver de ser feito. Fixe as regras da casa na porta da geladeira, onde a criança as veja frequentemente, e lembre-se de espalhá-las por todos os ambientes. Ponha a rotina de preparação para a escola na porta do guarda-roupa ou *closet* de seu filho ou na porta de saída (ou nos dois locais). Prepare uma lista de etapas no espelho do banheiro para tomar banho e/ou escovar os dentes. *Post-it* foi inventado justamente para isso: lembrar-nos das tarefas que precisamos fazer no tempo correto. Você pode encontrar muitas listas gratuitas de tarefas detalhadas por idade no *site* Focus on the Family. WebMD também tem listas de quais tarefas são apropriadas para determinada idade (os *sites* indicados estão em inglês), enquanto outros *sites* oferecem tabelas que você pode baixar para organizar suas listas de tarefas. Para uma criança com TDAH, na maioria das vezes você precisa detalhar cada tarefa em etapas específicas.

Faça sequências de imagens. O armazenamento de informações em algum dispositivo não precisa ser com palavras ou listas. As imagens podem funcionar igualmente bem ou melhor e são relembradas mais facilmente do que instruções verbais. Isso é especialmente verdadeiro para crianças mais novas ou para as que tenham transtorno do espectro autista (TEA) além de TDAH. Assim, quando seu filho tiver algo a fazer, pense em não só escrever as etapas em um cartão e deixá-lo com ele enquanto trabalha, mas pedir a ele que desenhe imagens simples de cada etapa e crie uma sequência de ilustrações. Você também pode encontrar muitas sequências de imagens já criadas na internet, gratuitas, para a maioria das tarefas de rotina que as crianças geralmente têm de completar. Simplesmente pesquise "sequências de imagens para crianças" e você encontrará muitas. Mesmo que sejam voltadas para crianças com TEA ou com deficiência intelectual, todas as crianças podem beneficiar-se com sequências de imagens exibidas em locais-chave nas quais as tarefas de rotina são feitas – como tomar banho, vestir-se, escovar os dentes, lavar as mãos, limpar o quarto e outras. O mais importante aqui é usar uma dica física para lembrar a seu filho o que deve ser feito naquele lugar e naquela hora.

Escreva regras para o trabalho. Sua filha vai fazer a lição de casa na mesa da cozinha. Quais etapas gerais ela deve seguir? Essas etapas podem incluir:

1. Pesquisar a tarefa.
2. Ler as instruções.
3. Responder à primeira pergunta.
4. Escrever.
5. Revisar para ver se está correta.
6. Passar para a pergunta seguinte.
7. Repetir.

Escreva as etapas em um cartão na ordem em que devem ser feitas. É útil acrescentar algum tipo de recompensa (veja o Princípio 7) ao cartão se as etapas forem seguidas corretamente e pela conclusão do trabalho atribuído. Posicione o cartão na frente da criança para que ela possa consultá-lo enquanto trabalha. Obviamente, essa estratégia de listas exige que a criança já saiba ler e compreenda as regras verbais escritas no cartão. Para crianças mais novas, use a sugestão de sequência de imagens.

Faça cartões de tarefas domésticas. Você também pode preparar cartões para as tarefas de rotina que pede a seu filho, como tirar os brinquedos da sala, arrumar o quarto, colocar a louça na lava-louças ou guardar a louça lavada, alimentar o animal de estimação da família ou trocar a água dele, arrumar a mesa para o jantar. Cada tarefa pode ter seu próprio cartão, e cada cartão deve conter as etapas que a criança deve seguir para cumprir a tarefa (veja o Princípio 7). Quase todas as tarefas de uma criança podem ser detalhadas em etapas mais simples, basta escrever as etapas em um cartão e mantê-lo na frente da criança enquanto ela trabalha. Por exemplo, para limpar o quarto, a mãe pode listar as etapas a seguir.

- Arrumar a cama: puxe o lençol para cima da cama. Depois, puxe o cobertor ou edredom por cima do lençol. Coloque o travesseiro na cabeceira da cama.
- Pegue as roupas sujas do chão e da cama, depois, coloque-as no cesto de roupas no banheiro.
- Ponha os brinquedos de volta nas caixas, cestas ou prateleiras de brinquedos onde costumam ficar.
- Pegue o lixo, comida largada, embalagens de comida e papel e coloque na lata de lixo.
- Leve os pratos sujos de volta para a cozinha e coloque-os na pia.

Mais uma vez, essa estratégia é para crianças que já sabem ler; no caso de crianças mais novas, use imagens ou sequências de imagens (descritas anteriormente).

Incentive-o falar em voz alta consigo mesmo. Outra técnica que você pode usar para reforçar a memória de trabalho de seu filho é orientá-lo a falar em voz alta consigo mesmo durante a tarefa. Ele pode ler e recitar as regras ou etapas que você colocou no cartão, assim prestará atenção às regras ou instruções. Você também pode pedir que, enquanto trabalha, ele diga a você qual etapa está fazendo e qual é a próxima etapa. Isso mantém a atenção da criança concentrada no trabalho.

Falar consigo mesmo em voz alta funciona melhor para crianças com mais de 5 anos. No caso de crianças mais novas, a fala consigo mesma ainda não tem a capacidade de controlar nem guiar o comportamento. Em vez disso, entregue lembretes periódicos gentis a seu filho durante a tarefa que ele está fazendo.

Crie contratos de comportamento. No caso de crianças mais velhas e adolescentes, criar um contrato de comportamento é muito útil para a memória e a motivação. Sente-se com sua filha para conversar sobre uma tarefa específica ou objetivo que ela tem dificuldade de completar. Escrevam um contrato juntos, afirmando qual é a tarefa, com que frequência deve ser feita, em quanto tempo e acertem que deve ser feita quando solicitada. Depois, escreva no contrato o que sua filha vai ganhar por fazer isso. Pode ser dinheiro, pontos, fichas, tempo em uma atividade favorita como dispositivos eletrônicos etc. O contrato pode conter apenas a recompensa a ser ganha ou também o que ela perderá se não fizer o trabalho como pedido. Essa penalidade funciona melhor se a criança estiver em algum tipo de sistema de fichas ou pontos no qual deve pagar uma multa em pontos por não fazer o trabalho (veja o Princípio 7). Outra opção é começar apenas com a parte da recompensa das consequências no contrato e, depois, adicionar a parte relativa à punição. Depois de o contrato ser escrito, faça sua filha assinar e assine-o também. Coloque-o em um lugar visível, como na porta da geladeira.

E a tecnologia inteligente? Considerando que a tecnologia inteligente é comum atualmente, é muito tentador procurar *gadgets*, *apps* e *sites* que prometam ajudar sua filha a ser organizada, lembrá-la do que precisa ser feito e de como fazê-lo, no momento que deve ser feito (apoios de administração de tempo). Alguns dispositivos e *apps* para celulares e *tablets* podem ser úteis simplesmente para lembretes simples de quando algo deve ser feito, como tomar o remédio prescrito para TDAH em horários específicos do dia. Dr. Joseph Biederman e colegas desenvolveram um *app* para auxiliar com lembretes na hora de tomar remédios e, em especial, para comprar os medicamentos receitados que têm se mostrado útil para adultos com TDAH e para pais de crianças e adolescentes com TDAH, mas não foram planejados para ajudar as crianças especificamente. Outro recurso, o WatchMinder, também pode ser útil: é um relógio com um *display* digital que envia lembretes simples de quando algo precisa ser feito, como ir a compromissos ou tomar remédios. Atualmente, os celulares têm *apps* de calendário com lembretes que também podem servir a este objetivo. Você pode encontrar diversos *sites* com outros *apps* para TDAH simplesmente pesquisando "apps + TDAH" no navegador. Mas em minha experiência clínica e na de muitos colegas, esses dispositivos e *apps* não são tão eficientes para auxiliar a memória de trabalho e o senso de horário pelas razões explicadas a seguir.

- Alguém precisa garantir que o dispositivo esteja carregado e saber onde o dispositivo e o cabo estão localizados no momento (as pessoas com TDAH são famosas por perder esses itens e esquecer-se de carregá-los).
- Alguém tem de encontrar, comprar e instalar o app ou dispositivo e, depois, inserir as informações importantes nele (datas, horários, o que deve ser feito, listas de detalhes etc.). A pessoa com TDAH não terá facilidade em fazer isso com regularidade ou completamente a cada semana ou quando o calendário ou lista precisar ser atualizado com novas informações importantes.
- O dispositivo precisa estar com a criança ou o adolescente para lembrá-lo do que fazer e de quando fazer. Como observado anteriormente, quem tem TDAH costuma esquecer de pegar o dispositivo quando sai das situações. Já as listas de papel, as anotações, os cartões e outras pistas são colocados nos lugares em que são necessários e possam ser vistos imediatamente.
- A informação crucial fica fora de vista, oculta, porque está no app ou no dispositivo até o momento em que o lembrete é ativado. As pessoas com TDAH se beneficiam melhor de listas ou lembretes que ficam em seu campo de visão de modo que sejam vistos repetidamente, mesmo que não seja a hora de fazer a tarefa.

Por essas e outras razões, apoios de baixa tecnologia em papel, como listas de uma só página, *post-its*, cartões e calendários semanais colocados em pontos cruciais no ambiente da criança – deixados sobre uma escrivaninha e/ou na mesa da cozinha, presos na geladeira ou em outra porta – parecem funcionar bem melhor do que tecnologia inteligente e seus apps.

Não exagere com os lembretes!

No Princípio 7, alertei você para ficar atento à possibilidade de usar recompensas demais, não aplicá-las a todas as tarefas que a criança deve fazer e evitar que fique mais interessada em todo o sistema de recompensa do que nas realizações que seriam recompensadas. Esse mesmo alerta se aplica às informações que você vai descarregar para auxiliar seu filho com a memória de trabalho. Você não quer sobrecarregá-lo com detalhes excessivos nem com a bagunça desnecessária de notas e lembretes demais nos lugares em que o trabalho estiver sendo feito ou uma instrução estiver sendo obedecida. Os dispositivos de armazenamento externo que usar devem incluir apenas informações suficientes para lembrar à criança daquilo que ela já sabe e etapas básicas do que deve ser feito. O objetivo não é escrever um manual de habilidades nem ensinar as informações do zero. Palavras ou frases curtas e/ou dicas de imagens ou sequências de imagens devem ser suficientes para evocar o que a criança já sabe sobre o que fazer em cada situação específica. Certa vez eu entrei em um carro de um adulto com TDAH que era representante de vendas de uma empresa farmacêutica. Não pude deixar de notar que todo o painel, incluindo os medidores (!), estava coberto de *post-its*. Ele os usava como lembretes de coisas que precisava fazer ou lugares em que tinha de estar em momentos específicos, mas havia provavelmente uns 100! Era uma distração e tanto! A lista de sete etapas para lição de casa que dei de exemplo neste capítulo mostra que a linguagem dos lembretes de seu filho deve ser simples e concisa. Se quiser obter auxílio ao criar suas listas de tarefas e outros lembretes para crianças, pesquise "listas de tarefas domésticas para crianças", e aparecerão muitos *sites* com várias listas e tabelas por idade, filtre e use.

PRINCÍPIO

10

ORGANIZE-SE

Eu não preciso dizer que crianças com TDAH são desorganizadas, você está rodeado de evidências da fraqueza dessa função executiva específica. Do caos do quarto até a mochila cheia de papel amassado e áreas de brinquedo que parecem ter sido atingidas por uma bomba, o ambiente doméstico de seu filho está em bagunça constante. Os professores também conhecem esse aspecto do TDAH: faltam pedaços nas lições de casa "completadas", os livros desaparecem, bilhetes enviados para assinatura dos pais nunca mais são vistos. Se você e os professores criaram sistemas de recompensas (Princípio 7), seu filho pode estar mais motivado do que no passado para arrumar as coisas dele e mantê-las arrumadas. Se seu filho estiver recebendo lembretes no ponto de desempenho (Princípio 9) sobre o que fazer com os materiais da lição de casa, as roupas e os brinquedos, você talvez não tenha mais de fazer toda a limpeza o tempo todo. Se ele usa relógios externos para substituir a ausência de relógio interno (Princípio 8), talvez mais de suas tarefas sejam concluídas. Mas organizar-se sempre será uma luta.

O PROBLEMA: o TDAH atrapalha a auto-organização.

Um grande problema de pessoas com TDAH são as dificuldades para organizar as coisas na vida de modo que sejam mais eficientes, oportunas e eficazes ao cumprir suas responsabilidades diárias e outras demandas relacionadas ao trabalho e à vida. Sim, todos nós sofremos periodicamente com desorganização – são as demandas para as quais é difícil encontrar tempo, afinal é preciso esforço para se organizar e permanecer assim para obter eficiência máxima. Mas crianças e adolescentes com TDAH levam isso a um nível inteiramente novo, o que os coloca muitas vezes nos 7% piores lugares entre as crianças de sua idade quanto ao grau de organização.

Muitos dos déficits da função executiva descritos na **Introdução** – não apenas o problema específico com organização, planejamento e resolução de problemas – conspiram para criar desorganização nas pessoas com TDAH.

O filtro mental delas é cheio de buracos. Esse problema em organizar as coisas começa na mente. Pessoas com TDAH muitas vezes descrevem seu pensamento como uma confusão completa. A mente humana funciona admitindo diversas ideias que entram na consciência vindas de todos os lugares e reúnem todos os tipos de ideias próximas ou vagamente associadas para formar as conexões resultantes. Quando a mente não é colocada a serviço de um objetivo ou tarefa a ser realizada, esse pular de um lado para o outro continua sem interrupção. Quando alguma coisa exige atenção concentrada, a maioria de nós pode focar nisso "fechando" temporariamente o acesso às informações irrelevantes. Mas no TDAH é muito mais difícil impedir a tendência natural da mente em vaguear. Quando sua filha com TDAH tenta pensar nas tarefas que precisam ser feitas — e ela *realmente* tenta, mesmo que você ache difícil acreditar nisso – outros pensamentos invadem e a distraem. O devaneio acontece e pouco trabalho mental é feito.

Chega o déficit da memória de trabalho... Como você sabe, pelo Princípio 9, as crianças com TDAH também têm dificuldade de manter as informações na mente enquanto pensam nos caminhos para atingir uma meta.

...e chega o déficit de administração do tempo. O Princípio 8 explicou por que sua filha tem dificuldade com o tempo e com a administração do tempo. Mas também nos ajuda a entender por que ela acha difícil colocar as ações nas quais está pensando em fazer na ordem correta ou na sequência mais eficiente para fazê-las. Afinal de contas, o tempo é realmente uma sequência de eventos, se você tem problemas com isso, também terá de lutar com o momento certo da sequência das coisas.

Os problemas gerais com atenção e autorrestrição desequilibram a balança. Se esses problemas não fossem suficientes para desorganizar uma criança com TDAH, adicione o fato de que a falta de atenção e o fraco controle de impulso são suficientes para desviar a atenção de sua filha, fazendo com que seja realmente difícil ela ignorar os eventos que acontecem à sua volta e a distraem. Esses eventos são mais fortes para capturar a atenção dela e suas reações poste- riores do que etapas relacionadas à tarefa que ela estava pensando em fazer.

E sem forte capacidade para se automotivar, a organização não tem chance. Além dessas diversas dificuldades, seu filho muitas vezes não tem o nível de motivação necessário para organizar a vida. Ele busca atalhos para fazer as coisas enquanto aplica o mínimo esforço possível (falta de persistência). Parece muito mais fácil deixar as coisas onde acabou de usá-las do que colocá-las no lugar certo. Assim, não é apenas a mente da criança com TDAH que é uma confusão, mas sua casa, o espaço de trabalho, o espaço na escola e a vida em geral. Organizar as coisas e recolocá-las no lugar exige um pouco mais de tempo e esforço agora, mesmo que resulte em mais eficiência mais tarde. Porém, o "mais tarde" na vida não está nos pensamentos imediatos de alguém com TDAH e, assim, não é uma razão forte o bastante para que a criança ou jovem sejam organizados. É por isso que organização é muito raro nas pessoas com TDAH.

A SOLUÇÃO: **Ajude seu filho a se tornar e permanecer organizado no ponto de desempenho.**

É crucial ajudar seu filho a compensar os déficits de senso de tempo e memória de trabalho e aplicar soluções quando uma tarefa precisa ser feita. Assim, o primeiro passo para ajudar uma criança com TDAH a se tornar e a permanecer organizada é pesquisar em que seu filho atualmente é desorganizado e como ser desorganizado causa efeito negativo em casa, no trabalho, na escola e/ou na vida social. Onde está o problema? Catalogue rapidamente esses lugares e espaços com seu filho e priorize aqueles que precisam ser corrigidos primeiro. Como "ponto de desempenho", estou incluindo não apenas lugares, mas momentos – os períodos de trabalho em que ele está tendo problemas devido à falta de organização.

Embora cada espaço de trabalho seja diferente e talvez deva ser organizado de modo diferente para ter eficiência máxima, siga as regras gerais a seguir ao organizar qualquer espaço de trabalho para seu filho.

ONDE o trabalho está sendo feito? Esse é o melhor lugar para isso? É adequado para quem tem TDAH, com pouca ou nenhuma distração? Esse lugar de trabalho pode ser supervisionado frequentemente por você ou pelo professor quando a criança estiver trabalhando nele? Se não, mude o local ou adapte-o para cumprir esses requisitos. Para uma criança que conheço, a pequena alcova ao lado da sala da família acabou sendo um espaço melhor para fazer a lição de casa do que o lado do quarto em que seus pais haviam colocado uma escrivaninha. O quarto estava cheio de brinquedos que eram uma distração constante, e a sala da família ficava ao lado da cozinha, onde os pais passavam muito tempo. A alcova havia sido considerada como o espaço de escritório da mãe, mas ela ficou feliz em entregá-la ao filho quando percebeu que tinha estantes e gavetas para os materiais dele e ela poderia acompanhá-lo regularmente enquanto ele trabalhava.

QUAIS materiais precisam estar ali porque são usados com frequência para que esse tipo de trabalho seja feito? Olhe a mesa de trabalho ou de estudo de qualquer pessoa e você encontrará os materiais usados, de lápis a papel em branco, *post-its*, régua, grampeador, fita adesiva, clipes de papel, calculadora e, em geral, algum tipo de iluminação. Dependendo da idade de seu filho, pode haver também um computador ou *tablet*. Não importa o trabalho, esses materiais e dispositivos apoiam o desempenho em muitas tarefas diferentes. Além disso, as pessoas geralmente têm uma agenda que fica aberta no dia para que possam ver quais atividades devem ser feitas. Pode haver também um pequeno bloco em que está impressa a lista de "coisas a fazer" para esse projeto – as etapas que precisam seguir para um projeto específico e, muitas vezes, complexo. Cada atividade normalmente é dividida em etapas menores ou cotas de trabalho (como descrito nos princípios anteriores) para simplificar e fazê-lo parecer menos insuperável – e, portanto, mais provável de ser feito.

E os espaços de trabalho de seu filho? Quer sua filha faça a lição de casa na mesa da cozinha ou em uma escrivaninha em outro ambiente, todos esses materiais estão à mão, talvez em uma prateleira na cozinha ou em nichos sobre a escrivaninha? Não pense só no que vê, mas também naquilo que muitas vezes tem de "caçar" em outro lugar porque seu filho o extraviou ("Mamãe, onde está minha tesoura?"). Faça com ele uma lista do que deve estar sempre disponível para a tarefa em cada espaço. Aqui estão alguns exemplos.

- *Escrivaninha.* Papel, canetas e lápis, material de arte, lista de coisas a fazer (um quadro apagável é bom) da lição de casa, cadernos de tarefas, registro de recompensas se você estiver usando um (veja o Princípio 7), cronômetro se estiver usando um (veja o Princípio 9) e assim por diante.
- *Mochila.* Quase todos os pais concordam que a mochila que a criança leva para a escola todos os dias deve ter seu próprio lugar especial (como um cabide ou uma prateleira perto da porta) e que tudo que precisa estar nela deve ser colocado na noite anterior ou ficar organizado no lugar. Uma lista de verificação do que deve estar na mochila é útil para conferência no último momento.
- *Equipamentos esportivos.* As crianças com TDAH precisam mais de atividades físicas do que as outras crianças, no entanto, são as primeiras a chegar nas práticas esportivas sem parte do equipamento. Você pode reservar um lugar específico na casa para esse material? Se leva seu filho até o local onde pratica, há alguma prateleira na garagem em que o material possa ficar? Também é bom deixar no mesmo lugar uma lista de verificação do que seu filho precisa levar. Ou você pode colocar etiquetas nos lugares da prateleira em que cada equipamento deve ser guardado.
- *Quarto.* Depende da idade de seu filho, mas tenha um sistema (com etiquetas com apoios da memória de trabalho) para guardar roupas limpas, roupas sujas, brinquedos e livros e assim por diante.
- *Materiais escolares.* Mais uma vez, dependendo da idade de seu filho, se você puder, é útil verificar a carteira onde ele se senta na sala de aula e/ou o armário dele para ver se precisa ser organizado também. E em casa, assegure-se de ter materiais para ajudar sua

filha a organizar o trabalho dela, como cadernos, fichários, arquivos e pastas com códigos de cor, pasta sanfonada, porta lápis/canetas, porta-trecos ou caixas.

QUAL é a melhor hora para fazer esse tipo de trabalho? Na escola, o trabalho tem de ser feito no horário de aula, quando o professor der à turma a tarefa. Mas em casa há flexibilidade. Então, pense quando seu filho tem mais probabilidade de estar disposto a fazer o trabalho (e ser capaz disso).

- *As crianças com TDAH geralmente não devem fazer a lição da escola assim que chegam em casa.* Suas baterias motivacionais estão esgotadas de todo o trabalho na escola e outras demandas de autorregulação. O tanque de combustível executivo delas está baixo e precisa ser enchido. A maioria dos pais deixa que o filho almoce ou lanche (se a escola incluir a hora do almoço) depois da escola, brinque um pouco e, assim, recarregue as baterias motivacionais. Depois, os pais pedem à criança que faça qualquer lição de casa logo antes (ou logo depois) jantar.
- O melhor momento para tarefas de casa, como limpar um quarto, geralmente é no fim de semana e antes de a criança fazer qualquer atividade de lazer. É claro que cada criança é diferente, por isso, observe os níveis de energia de sua filha durante o dia, na semana, para descobrir os momentos em que ela geralmente está mais fortemente concentrada e agende as tarefas de acordo com isso. Talvez uma tarefa simples e breve possa ser feita depois do jantar e antes de brincar ou ver TV, mas as tarefas maiores devem esperar o fim de semana. Ou talvez uma tarefa grande deva ser dividida em segmentos a serem feitos nos dias da semana porque sua filha prefere colocar todos seus recursos valiosos em um esporte ou outra atividade no fim de semana.

Além disso, não se esqueça de que as crianças com TDAH podem ser igualmente desorganizadas nos espaços de brincar e nos espaços de trabalho. Há muitos vídeos e *sites* ótimos na internet sobre o assunto. Há também produtos como prateleiras de brinquedos, caixas de armazenamento e outros materiais para deixar quartos e brinquedotecas mais bem organizados e ajudar as crianças a mantê-los assim.

Mais uma vez, a ideia deste capítulo não é lhe dar ideias para ajudar a organizar a vida e os espaços de trabalho e de brincar de seu filho, você encontra essas informações na internet. O foco deste capítulo e deste livro é informar sobre os princípios dirigentes que você precisa ter em mente ao assumir o controle do TDAH e explicar por que precisa conhecê-los. Quando você sabe "o porquê", "o como" é mais fácil de ver e implementar. Com base nesses princípios, os detalhes fluem e fazem muito sentido. Mas se não souber os princípios e o "porquê" por trás deles, os detalhes do que fazer não serão nem óbvios nem tão eficazes. E você certamente não vai explorar as próprias ideias inventivas sobre como abordar os princípios com seu próprio filho.

Lembre-se de que a criança com TDAH tem uma deficiência que faz com que ela tenha esse nível alto de desorganização. E geralmente a criança volta à desorganização se não for monitorada de vez em quando. Isso significa que você terá de supervisionar seu filho mais de perto e com mais frequência enquanto ele trabalha, redirecionando-o conforme necessário, para encontrar maneiras de motivá-lo a ficar na tarefa e verificar periodicamente seus espaços de trabalho e outros locais para ajudá-lo a permanecer organizado. Se não forem supervisionadas dessa maneira, com o passar do tempo crianças com TDAH muitas vezes retornam a seu jeito caótico e desorganizado de fazer as coisas, como nos espaços de trabalho e de brincar.

Organize-se com a ajuda da internet!

Numerosos *sites* e outras fontes *on-line* disponibilizam dicas (e vendem produtos) que podem ajudar seu filho com TDAH a se manter organizado, com sua ajuda. Aqui está uma lista de etapas de organização extraída da revista *ADDitude* (dedicada ao TDAH).

NO QUARTO

- ☐ Limpar a cama.
- ☐ Arrumar a escrivaninha.

- ☐ Definir um lugar para o lixo.
- ☐ Organizar prateleiras.
- ☐ Definir um lugar para ler.
- ☐ Quando em dúvida, use etiquetas.
- ☐ Organizar os "monstros" [a bagunça] embaixo da cama.
- ☐ Guardar roupas que não são da estação em caixas ou em uma parte separada do armário.
- ☐ Colocar as roupas sujas bem à vista.
- ☐ Classificar as roupas.
- ☐ Uma semana de prateleiras no armário para uma semana inteira de roupas.
- ☐ Adicionar sapateiras.

NA BRINQUEDOTECA

- ☐ Arrumar um lugar para os brinquedos.
- ☐ Doar ou jogar fora o excesso de brinquedos.
- ☐ Definir um novo propósito sempre que possível.
- ☐ Criar centros de brincar.
- ☐ Fazer coisas em dobro.

NO ESPAÇO DE TRABALHO DA CRIANÇA

- ☐ Usar as paredes.
- ☐ Usar um *planner*.
- ☐ Fazer uma agenda-mestre.
- ☐ Criar uma prateleira só para a escola.
- ☐ Arrumar a mochila.
- ☐ Manter as mochilas limpas.
- ☐ Arrumar os materiais.

- ☐ Fazer um mapa (do que fica em cada lugar da mochila).
- ☐ Pedir um conjunto extra de livros da escola (para deixar no espaço de trabalho em casa).
- ☐ Exibir o melhor trabalho de seu filho (no espaço de trabalho).
- ☐ Designar um espaço de estudo.
- ☐ Agendar um horário de lição de casa constante.

Observação. Extraído de www.additudemag.com/organizing-kids-rooms. Usado com permissão de Wayne Kalyn.

Não deixe a organização superar seu propósito

O foco exagerado na organização pode se transformar em mania de arrumação e, na verdade, atrapalha a eficiência do trabalho e de outros projetos que as crianças precisam fazer. Tempo demais gasto em organização é tempo de menos passado em fazer o trabalho no prazo razoável. O esmero em imprimir etiquetas de pastas, arrumar os materiais na escrivaninha para que estejam perfeitamente alinhados, preocupar-se com a decoração, cores e padrões, e ter certeza de que os lápis estejam apontados perfeitamente não facilita em nada a produtividade. Ao contrário, coloca o foco nos apoios para que o trabalho seja feito em vez de no trabalho em si mesmo.

Além disso, os estudos mostram que ser um pouco impulsivo e desorganizado contribui para a criatividade porque permite que os indivíduos explorem novas maneiras de combinar ideias ou partes de um projeto que as pessoas mais organizadas e obsessivamente direcionadas a objetivos podem nem notar. Elas na verdade, consciente ou inconscientemente, inibem essas associações mentais incomuns para permanecer concentradas na meta – e afastam grande parte das outras informações e associações feitas na mente. Obviamente, identificar a linha adequada entre ficar focado no objetivo e deixar que a imaginação tenha liberdade suficiente para sugerir inovações nem sempre é fácil. Para pais de crianças com TDAH, a chave para encontrar essa linha de demarcação é dar muita atenção a como seu filho trabalha e pensa e o que surge. Veja o Princípio 5 para lembretes sobre permanecer atento.

E mesmo quando promover a criatividade não for seu objetivo, encontre momentos durante o trabalho de sua filha para incentivá-la a se soltar e se divertir com os materiais de que dispõe e com as ideias que fluem por sua mente naturalmente inventiva. Esse tipo de intervalo renovará vocês. E pode ajudar muito a diminuir a frustração e o estresse quando sua paciência com a bagunça chegar ao limite.

PRINCÍPIO

11

CONCRETIZE A SOLUÇÃO DE PROBLEMAS

Por mais familiarizado que você esteja com a desorganização de seu filho (Princípio 10), você também conhece bem os problemas dele com solução de problemas. Talvez seu filho de 6 anos fique frustrado quando não pode ter todos os sabores de sorvete porque não consegue escolher um favorito. Ou sua filha de 8 anos tenha dificuldade para fazer amigos porque ela não sabe ceder quando um grupo de crianças quer brincar de um jeito diferente. Muitos pais me disseram que seus filhos se machucam constantemente porque não conseguem avaliar os perigos envolvidos em seguir seus impulsos energéticos e não sabem escolher ações nas quais estejam seguros, colocando-se em situações de risco.

Além de dano físico, a falta de atitude para solução de problemas costuma produzir colapso emocional porque a criança sofre as consequências de fazer escolhas ruins ou mesmo de não fazer nenhuma escolha. Como pai, você pode sentir empatia com a decepção de uma criança, mas não com o fato de que seu filho continua tomando decisões ruins, apesar de todo seu apoio, treinamento de habilidades e transmissão de conhecimentos. Se você leu os princípios anteriores, já sabe que todo conhecimento e habilidade do mundo não apaga os déficits da função executiva relacionados ao TDAH de seu filho. Mas isso não quer dizer que não haja algo que você possa fazer para apoiá-lo em suas dificuldades na solução de problemas. Os Princípios 2, 3 e 4 devem tê-lo ajudado a adotar uma atitude compassiva e a obter compreensão mais profunda do fato de que os comportamentos frustrantes de seu filho decorrem de um problema neurológico. Não se trata de "não fazer", mas sim de "não poder". Mantenha isso em mente, para que os fracassos frustrantes de seu filho em resolver problemas não causem separação entre vocês.

Entretanto, isso não vai ajudar, necessariamente, seu filho a resolver problemas onde e quando ele precisar. É o que o resto deste capítulo aborda. E no Princípio 12 você encontrará ajuda para evitar os colapsos emocionais que surgem da fraca habilidade de regulação das emoções – não ensinando novas habilidades, mas planejando e influenciando o ambiente em que os colapsos ocorrem para diminuir a frequência deles.

A solução de problemas é necessária em todas as áreas da vida diária e com sofisticação cada vez maior conforme as crianças crescem. Mesmo um bebê faz um tipo primitivo de solução de problemas quando chora e, depois, chora mais alto quando nenhum dos pais responde rapidamente. Uma criança muito pequena está envolvida com solução de problemas quando descobre que pode construir coisas com blocos ou Legos. Uma criança no Ensino Fundamental está literalmente resolvendo problemas quando faz as lições de Matemática. Ao se aproximar da adolescência, seu filho tem de começar a atuar com solução complexa de problemas para descobrir como fazer o que quer e ao mesmo tempo respeitar as leis da sociedade, cumprir as expectativas da família e tentar alcançar metas pessoais. Para uma pessoa com TDAH, a função crucial da solução de problemas é ainda mais difícil do que a organização, em especial quando precisa ser feita mentalmente.

O PROBLEMA: Pessoas com TDAH têm dificuldade de manter informações na mente e manipulá-las para resolver problemas.

Você e eu chamamos isso de solução de problemas. As crianças chamam isso de jogo. Quando brincam, elas começam separando os objetos com as mãos (manualmente). Isso, na verdade, é o que conhecemos como **análise**. É assim que as crianças veem as partes envolvidas em um brinquedo, um quebra-cabeça, uma ferramenta ou uma máquina simples, e como elas operam juntas para cumprir sua função.

Em algum momento, brincarão de recombinar essas peças de diversas maneiras, o que chamamos de **síntese**. As crianças pequenas brincam com peças reais de quebra-cabeça ou blocos, testando diversas combinações para ver como se encaixam ao criar uma estrutura ou imagem. A maioria das combinações não é muito útil, mas com algumas elas constroem uma estrutura com Lego ou montam o quebra-cabeça.

Por meio desse processo de análise e síntese, as crianças aprendem a respeito do mundo – que situações podem ser desmontadas e as partes resultantes podem ser recombinadas de novas maneiras. É um processo que seguimos durante toda a vida. Tudo que desmontamos para entender como funciona nos ensina algo sobre os componentes individuais, e nós usamos essa compreensão para montar as coisas novamente. Quando nos tornamos adultos, temos muitas informações para usar na solução de problemas.

As crianças começam fazendo essa análise e síntese manualmente, mas conforme amadurecem, desenvolvem capacidade mental para imagens visuais, o que lhes permite pular a manipulação manual e passar a movimentar imagens na mente. Uma criança de 4 ou 5 anos, por exemplo, é capaz de manter algumas imagens na mente. Sabemos disso porque desenhar de memória exige que você tenha armazenado na mente uma imagem do que está desenhando e ative essa imagem para servir de modelo para o desenho. Mas crianças dessa idade ainda não são capazes de separar e recombinar as imagens mentalmente para criar novas ideias.

Isso ocorre alguns anos depois e, com certeza, na adolescência. Como a criança manipulou objetos manualmente muitas vezes durante o desenvolvimento inicial, ela não tem de testar diferentes combinações movendo os objetos de lugar; em vez disso, evoca imagens de movimento e move-as de modo eficiente na primeira tentativa para produzir os resultados desejados. A criança já descobriu as combinações de que gosta por meio do trabalho manual e agora as combinações favoritas serão as primeiras que aplicará ao encontrar um problema similar. Conforme amadurecem, elas podem brincar mentalmente com elementos de cada vez mais problemas com que se deparam até encontrarem uma combinação que pareça resolver o problema. Elas passam do jogo manual para o jogo principalmente mental de solução de problemas.

A próxima etapa no desenvolvimento da capacidade de solução de problemas é manipular não só imagens mentais, mas palavras que representam os problemas que é necessário resolver. Nossos problemas não envolvem apenas objetos que temos de manipular – desentupir um cano, pregar um botão, arrumar o guarda-roupa etc. Precisamos manipular palavras em nossa cabeça para decidir o que escrever ou dizer em determinada situação.

As crianças não sabem que estão tentando aprender por meio de análise e síntese, assim, elas armazenam um tesouro de opções para diversas necessidades em sua memória de trabalho. Elas fazem isso porque é inerentemente divertido.

Crianças típicas analisam e sintetizam instintivamente à medida que se tornam móveis e interagem com o ambiente. O mesmo acontece com as crianças com TDAH, mas como explicado na **Introdução**, elas se atrasam no desenvolvimento das funções executivas. Infelizmente, isso significa que não usam as imagens visuais nem manipulam palavras mentalmente tão cedo quanto as crianças típicas. E quando desenvolvem essas capacidades mentais, tendem a ser menos hábeis. Elas são prejudicadas por seus déficits na função executiva ao realizar as etapas para resolver qualquer problema.

Crianças com TDAH têm dificuldade em manter informações na mente para guiar o comportamento na direção de uma meta. Manter informações na mente, a memória de trabalho, é a base da solução de problemas. Imagine tentar realizar até mesmo as tarefas mais simples – desde embrulhar um presente a fazer café e vestir-se – se você não se lembra das etapas que funcionaram para resolver o "problema" da última vez que fez isso ou de como as ferramentas necessárias funcionaram. Pode resultar em um pacote descuidadamente coberto com fita adesiva e meio solto, um café fraco ou forte demais, ou roupas amarrotadas que não combinam.

Crianças com TDAH não conseguem analisar e sintetizar informações tão bem quanto as outras crianças. Obviamente, se as crianças não conseguem manter as informações necessárias na mente e se concentrar nelas, não podem separá-las nem usar as informações de outra maneira para pensar em modos de resolver o problema ou concluir a tarefa que estão fazendo. Como observei anteriormente, as crianças com TDAH muitas vezes experimentam na mente uma "bagunça confusa", como uma pilha de peças de quebra-cabeça que não parecem combinar de maneira alguma. Sem ter a capacidade de simular mentalmente os problemas e suas soluções por meio de análise e síntese, elas são obrigadas a recorrer à experimentação manual de várias soluções: um modo lento, frustrante e muitas vezes sem sucesso de lidar com os problemas da vida.

Crianças com TDAH não conseguem manipular as palavras mentalmente tão bem quanto as crianças típicas. Como você sabe por conviver com uma criança que tem TDAH, essa é outra área fraca para quem tem esse transtorno neurológico. Muitas vezes, elas não conseguem escrever claramente (o que causa dificuldade nos trabalhos escolares), e tendem a deixar escapar afirmações inadequadas ou perguntas que causam problemas em todos os tipos de interações, resultando também em problemas sociais. Um problema apresentado verbalmente pode atrapalhá-las enquanto se esforçam para associar as palavras a uma imagem visual e para associar essa imagem visual a objetos tangíveis – o resultado é uma bagunça confusa.

Como resultado, elas parecem repetir o mesmo comportamento de tentativa e erro sem aprender com ele. Uma criança com TDAH vai experimentar o mesmo truque ousado e se machucar todas as vezes – e ainda continuará tentando. Ao trabalhar um problema de Matemática, a criança pode começar desde o início, mesmo depois de ter feito cem problemas semelhantes, sem assimilar o processo de solução de problemas para chegar à resposta certa com eficácia (ou nem chegar a ele e sempre repetir o mesmo erro). A criança pode ser repreendida várias vezes por um professor ao empurrar os colegas para chegar até o começo da fila ou por insistir em gritar uma resposta para uma pergunta feita, sem levantar a mão antes. Todos esses exemplos de não aprender com os erros vêm da capacidade limitada para analisar, sintetizar, manter informações na mente e manipular componentes do problema para considerar as opções disponíveis.

Lembre-se das vezes em que você pensou em rearrumar os móveis em uma sala. Você não fica movendo as coisas fisicamente de um lado para o outro até encontrar um modo de que goste. Normalmente, a pessoa visualiza mentalmente os móveis em lugares diferentes e então, se achar que uma ideia pode dar certo, posiciona os móveis no local. Observe quanto tempo e esforço é poupado ao imaginar os diversos arranjos! A maioria de nós pode simular o ambiente mentalmente e jogar com essa simulação em vez de mexer no próprio ambiente físico, poupando todo o trabalho envolvido.

Essa capacidade não só poupa muito tempo e esforço, mas evita erros. Isso acontece porque podemos ver mentalmente como um erro poderia acontecer e evitá-lo na vida real. Como o filósofo Karl Popper disse certa vez a respeito dessa incrível capacidade de os seres humanos fazer simulação mental: podemos deixar que nossas ideias morram em nosso lugar. Se só aprendêssemos por tentativa e erro no mundo real, como quase todas as outras criaturas, nossos erros poderiam nos prejudicar ou até nos matar. Simular os acontecimentos mentalmente antes de agir é parte do que chamamos de **contemplação**. É a aprendizagem de tentativa e erro na mente e não na vida real, e não só leva a novas soluções para problemas antigos, mas nos salva de muitos danos. É claro que as pessoas podem fazer esse tipo de jogo com palavras e frases mentalmente, não apenas com imagens mentais. Podemos brincar com o que queremos dizer ou escrever com nossa "voz mental" para escolher a melhor combinação antes de realmente dizer ou escrever algo. Eu fiz muito isso enquanto escrevia este livro, por exemplo.

E existe também a distração. Mesmo quando as crianças com TDAH conseguem manter as informações na memória de trabalho e considerar opções para resolver um problema específico, há sempre o risco de que algo mais interessante distraia a criança e apague a sequência de etapas mentais necessária para chegar à solução.

As crianças com TDAH se distraem com muita facilidade e, quando isso acontece, perdem as informações mentais e têm de começar de novo. Elas não conseguem manter a mente concentrada no problema por tempo suficiente para resolvê-lo. Depois, têm de começar de novo a cadeia de pensamentos ou simplesmente desistem de tentar resolver o problema e passam para algo mais divertido e interessante. Elas estão presas no estágio anterior e menos maduro de lidar manualmente com o ambiente. Embora seja um estágio necessário no desenvolvimento da solução mental de problemas, como observei anteriormente, não é muito eficiente em comparação com a forma posterior e mais madura de solução mental de problemas.

Assim, como podemos ajudar as crianças com TDAH a fazer esse tipo de solução mental de problemas? Isso é muito importante porque elas precisarão usar cada vez mais essa capacidade mental à medida que crescem, na escola e, depois, no trabalho.

A SOLUÇÃO: **Torne a solução de problemas física e manual.**

Se seu filho estiver cerca de 30% atrasado no desenvolvimento do funcionamento executivo, ele provavelmente ainda tentará resolver problemas com as mãos e não com a cabeça. Mesmo que esteja começando a desenvolver a memória de trabalho e as capacidades de solução mental de problemas, o sucesso dele pode ser ampliado ao ser permitido que ele trabalhe também em um problema com as mãos. O objetivo é dar a seu filho tempo para desenvolver capacidades de solução mental de problemas sem ficar tão desanimado que chegue a desistir. O crucial é ajudá-lo a ter sucesso ao usar o que já faz: lidar manualmente com as partes do problema.

Suponhamos que seu filho tenha de resolver alguns problemas de aritmética ou escrever um ou dois parágrafos para a aula de linguagem. Você pode pensar em uma maneira de tornar físicas as partes relevantes do problema, como em uma imagem de quebra-cabeça? Pode tornar o problema externo e assim passível de ser resolvido manualmente? Ou pensar nos objetos físicos que seu filho pode usar para representar os elementos do problema e manipular para resolvê-lo?

Como exemplo, aqui estão algumas maneiras de externalizar problemas aritméticos.

- Dê a seu filho uma linha com números, como uma fita métrica. A criança pode então adicionar e subtrair números simples apenas contando para trás e para frente na linha de números. E se estiver aprendendo também números negativos, você pode juntar duas linhas de números de modo que o ponto central seja zero e à esquerda estejam escritos em sequência os números negativos de -1 a -20, por exemplo, do centro para a esquerda.
- Dê à criança algumas fichas de pôquer, bolas de gude ou blocos de Lego e deixe que use as mãos para contar o número inicial de fichas no problema de adição ou subtração, representando o

primeiro número no problema de Matemática. Ela pode adicionar ou subtrair o segundo número de fichas para chegar à resposta. Muitas vezes é assim que começamos a ensinar Matemática às crianças: com alguma coisa física envolvendo os itens individuais em grupos.

- Permita que a criança use uma calculadora. Essa ferramenta pode tornar toda a operação mais fácil, mas os professores preferem que aprendam a operação, como adição ou subtração, antes de recorrerem à calculadora como um atalho.
- Deixe a criança trabalhar o problema em uma folha de papel.
- Ponha na frente da criança uma tabela de números que pareça uma matriz com números de 1 a 10 no alto e 1 a 10 no lado esquerdo. Em cada célula coloque o resultado de adicionar, subtrair ou multiplicar os dois números que convergem (o número no alto e o número na esquerda). Ela pode percorrer a tabela para encontrar as respostas e memorizar os resultados.

E o trabalho de escuta? Digamos que seu filho tem de ler um conto ou um capítulo e escrever um trabalho curto sobre o que leu. Para tornar a linguagem manual e concreta, você pode tentar as dicas a seguir.

- Faça a criança "escanear" primeiro toda a história: apenas olhar para o material e para o que está nas páginas (palavras, imagens etc.).
- Depois peça que leia o primeiro parágrafo ou uma parte curta.
- Agora peça que conte em voz alta o que acabou de ler. Você pode ajudá-la a pensar um pouco mais, mantendo um cartão na frente de vocês com as perguntas: Quem? O quê? Por quê? Onde? Quando? Como?
- Em seguida, peça à criança que escreva algumas de suas ideias ou as respostas dessas perguntas. Ela pode usar algumas palavras ou frases e até desenhar (rabiscar) uma imagem simples, se ajudar. Nada precisa ser elaborado. A questão é só ativar a memória dela para o que é importante nesse parágrafo.
- Agora peça à criança que revise o que escreveu para fixar melhor a memória da história.
- Continue pedindo que leia o parágrafo seguinte e repita as etapas.

Leia, recite, escreva, revise. Observe que a criança foi exposta ao material 4 vezes, o que ajuda na retenção. Ela também aprendeu a se questionar sobre o conteúdo por meio daquelas perguntas curtinhas que todos aprendemos a usar dessa maneira. Além disso, observe que você não só levou a criança a manipular ou externalizar o conteúdo, escrevendo anotações (ou desenhando imagens simples), mas também pediu que contasse oralmente. Essa é outra forma de tornar a informação externa e física: falar em voz alta. Como afirmei no capítulo sobre memória de trabalho, falar em voz alta o que se quer lembrar enquanto faz a tarefa reforça a memória de trabalho por repetir os objetivos e de que modo se deseja alcançá-los, o que os mantém na direção da meta.

Depois de todo o conto ter sido lido, sua filha pode olhar para as anotações e usá-las para escrever algumas frases sobre a história. Ela pode escrever uma frase sobre o que aconteceu primeiro, depois outra frase sobre o que aconteceu a seguir, e assim por diante enquanto segue as anotações que fez. As crianças mais velhas podem até digitar essas frases usando um processador de textos, que é outra maneira de tornar as informações físicas. Em seguida, a criança pode manipular o que está no documento editando, expandindo, copiando, colando e movendo de outras maneiras os conteúdos para melhorar a leitura. E o programa ajuda a corrigir a ortografia das palavras e até dá sugestões. Finalmente, peça à criança que escreva uma ou duas frases sobre o que achou da história, do que gostou ou não gostou ou como ela se sentiu com a história. Em outras palavras, a conclusão é quando ela avalia a história.

Quatro etapas para todas as soluções

Quando confrontadas por qualquer tipo de problema a ser resolvido, há algumas estratégias gerais que as crianças podem aprender a usar.

Etapa 1. Afirme o problema em voz alta.

O que está sendo pedido que a criança faça ou pense? *Exemplo:* limpar o quarto.

Etapa 2. Divida em partes menores.

Pode ser especificado em etapas menores? *Exemplo*:

- Guardar os brinquedos.
- Pegar a roupa suja e colocar no cesto.
- Arrumar a cama.

Etapa 3. Brainstorm!

Incentive seu filho a pensar e associar o pensamento livremente aos elementos do problema. Quais ideias vêm à mente dele quando pensa na natureza do problema? Peça à criança com TDAH que **escreva cada ideia** em um *post-it* ou cartão de 7 cm × 12 cm, ou escreva para ela. Associe livremente ideias que são como borboletas ou pássaros: você precisa capturá-las enquanto estão voando ou passarão direto e pode ser difícil ou impossível pegá-las novamente. É aqui que seu filho com TDAH tem grande desvantagem: ele não consegue manter as ideias na mente. Por isso, não peça a ele que tente. Ele ou você deve anotar as ideias. Lembre-se do Princípio 9 a respeito da memória de trabalho – descarregue-a em outro dispositivo de armazenamento.

Por exemplo:

- Eu quero usar minha roupa de Capitão América mais tarde, então já vou deixar fora do armário.
- Posso usar este pijama mais algumas vezes, então vou deixar na cama e não no cesto de roupa suja.
- Minha irmã, Lisa, estava brincando com os cavalos de brinquedo aqui, então é ela que tem de guardar.
- Posso limpar meu quarto mais tarde, depois de terminar o videogame que comecei.

Enquanto estiver fazendo *brainstorm* com seu filho, nunca critique os resultados, por mais improvável, tola, ridícula ou louca que a ideia seja. O objetivo, afinal de contas, é pôr para fora o máximo de ideias possível. As ideias no exemplo podem não ser onde você quer chegar, mas lembre-se do Princípio 4 – você pode deixar algumas coisas de fora, como uma cama perfeitamente arrumada ou um quarto limpo conforme seus padrões às 9 horas da manhã de domingo. Cada ideia levantada pode ser avaliada na próxima etapa. Mas você pode matar a criatividade e o *brainstorm* se fizer críticas no meio do processo. As crianças perfeccionistas (raramente um problema em crianças com TDAH) ou com baixa autoestima (um pouco mais comum no TDAH) provavelmente farão isso consigo mesmas. Então, incentive-as a calar a crítica mental e apenas associar livremente a ideia ao problema e seus elementos. Em resumo, enlouqueça e divirta-se com essa etapa, mesmo que o resultado seja apenas fazer vocês dois rirem de como algumas das ideias são tolas e pouco práticas.

Etapa 4. Analise e organize as ideias que você anotou.

Ajude seu filho a decidir quais ideias do *brainstorm* parecem ajudar com o problema e quais parecem menos úteis ou até irrelevantes. Ao criticar cada ideia, siga esta sequência:

- Primeiro, peça à criança para **falar as vantagens** de cada ideia e do que gosta nela.
- Depois, peça que pense um pouco e **fale as desvantagens**, limitações ou impraticabilidades.
- Agora a criança pode **organizar** as ideias úteis, criando um plano e **testando** para tentar ver se resolve o problema com que está lidando.

Pense nisso como o método SOAPS:

Fale sobre a **S**ituação e divida-a em etapas.
Liste as **O**pções.
Observe as v**A**ntagens. Depois, observe as desvantagens ou os **P**roblemas de cada opção.
Então, veja se existe uma **S**olução evidente.

Por exemplo:

- Quero jogar no computador (tablet) mais tarde, mas ele precisa estar carregado, então vou deixar no balcão carregando enquanto faço outra coisa, como jantar.
  - *Vantagens: Não quero ter de esperar o jogo carregar da próxima vez que quiser jogar - ele já vai estar carregado.*
  - *Desvantagens: Se eu não fizer isso, meu aparelho vai estar sem bateria e não vai estar carregado quando eu quiser brincar e vou ficar bravo. Mas*

se eu deixar no balcão na tomada para carregar, ele pode atrapalhar a mamãe quando ela começar a fazer o jantar. Então, vou brincar ligá-lo na tomada perto do sofá e deixar carregando quando não estiver brincando.

- *Posso usar este pijama mais algumas vezes, então vou deixar na cama e não no cesto de roupa.*
  - *Vantagens: O pijama vai estar no lugar em que eu vou usá-lo.*
  - *Desvantagens: Minha cama vai estar bagunçada, e vai ser difícil arrumar a cama com coisas em cima dela.*
- *Minha irmã, Lisa, estava brincando com os cavalos de brinquedo aqui, então ela é que tem de guardar.*
  - *Vantagens: Não vou ter de limpar o que Lisa sujou, e todos os brinquedos serão guardados.*
  - *Desvantagens: Lisa vai ficar no meu caminho porque eu quero limpar depressa, e ela não faz isso. Provavelmente, ela não vai pôr os cavalos de volta no lugar certo. Eu vou ter de limpar meu quarto na hora em que ela puder fazer a parte dela.*
- *Posso limpar meu quarto mais tarde, depois de terminar o videogame que comecei.*
  - *Vantagens: Não vou ficar tentado a parar de limpar e voltar ao jogo.*
  - *Desvantagens: Não sei quando vou terminar o jogo; é um jogo novo, então vou querer jogar por muito tempo. Isso quer dizer que meu quarto vai ficar bagunçado e a mamãe vai ficar brava.*
  - *Solução: Adiar a limpeza do quarto e deixar algumas coisas fora em vez de guardar tudo não vai dar certo. O trabalho nunca vai ser feito, e a mamãe e eu vamos acabar brigando por isso o dia inteiro. Vou fazer isto:*
  - *Vou deixar meu tablet ligado na tomada enquanto estiver jogando no sofá; assim não vai atrapalhar ninguém enquanto estiver trabalhando e vai continuar a carregar mesmo quando eu não estiver jogando.*
  - *Vou botar as roupas sujas no cesto primeiro porque, se começar a guardar os brinquedos primeiro, posso me distrair e querer brincar com eles.*
  - *Tem brinquedos por toda parte na minha cama, então tenho de guardar meus brinquedos antes de arrumar a cama.*
  - *Para não brincar com os brinquedos em vez de tirá-los da cama e guardá-los no lugar certo, vou ficar com um brinquedo e me dar 5 minutos para brincar com ele antes de arrumar a cama.*
  - *Vou pedir à mamãe que coloque o timer para mim para eu saber quando está na hora de guardar esse brinquedo e começar a arrumar a cama.*
  - *Não tenho de arrumar a cama perfeitamente, só o melhor que puder.*

Observe que essa criança tentou fazer sua parte para reduzir o conflito potencial entre jogar no *tablet* e a tarefa de limpar o quarto (reconhecendo que procrastinar e fazer metade do trabalho iria atrapalhar a mãe, pois deixaria o *tablet* no balcão da cozinha) e que ele e a mãe obviamente já costumam fazer algumas concessões. Se você precisar de um lembrete dessas valiosas estratégias, volte aos Princípios 4, 5 e 6 e estude mais sobre definir prioridades (abandonando o padrão de arrumar a cama perfeitamente), estar presente e consciente, e ajudar seu filho a se tornar responsável, e o Princípio 8, tornar o tempo real.

Outros problemas que podem ser resolvidos ao serem tornados manuais, concretos ou externos

Problemas sociais. As crianças com TDAH costumam ter problemas para fazer e manter amigos porque a impulsividade, hiperatividade, desorganização e as emoções mal reguladas são um desafio para os outros. Você pode usar o método SOAPS e pesquisar opções para todos os tipos de problemas sociais, veja a seguir.

- Comportar-se adequadamente em um encontro para brincar, ou em uma festa.
- Socializar com irmãos e colegas da turma.
- Ter espírito esportivo em um time ou jogo em grupo
- Seguir as regras da casa dos parentes na celebração de festas.
- Comportar-se adequadamente em restaurantes, cultos religiosos, filmes e apresentações ao vivo.
- Interagir com estranhos.

Você pode simular muitos problemas sociais com dramatização com seu filho. Represente estar na situação social com que seu filho está tendo dificuldade e teste diversas formas de agir para que ele veja (simule) o que aconteceria.

Habilidades de autoajuda e autocuidado. Você pode usar o SOAPS, e em alguns casos a dramatização, para resolver problemas de seu filho ao se vestir, tomar banho, escovar os dentes etc.

Lidar com responsabilidades de modo independente. O SOAPS também é útil para tomar o ônibus na hora certa, fazer as tarefas domésticas, um adolescente cumprir o horário combinado de voltar para casa, fazer atividades específicas e assim por diante. Cada uma dessas tarefas pode ser dividida em partes ou etapas em uma sequência e, depois, reunidas para formar um plano de ação. Escrever cada etapa ou criar uma imagem dela é uma maneira de tornar físicas as etapas de um problema e, portanto, torná-las mais fáceis de lembrar e manipular para encontrar a sequência certa para um plano de ação.

Ideias para tornar manuais e físicos os problemas mentais

Existem muitas maneiras inteligentes de tornar manuais e físicos os problemas mentais de modo que sua filha com TDAH possa trabalhar neles com as mãos (e voz) e não só com a mente. Pesquisar na internet imagens ou sequências de imagens pode lhe dar uma ideia de como agir com um tipo específico de problema. Escrever as partes do problema já ajuda seu filho a ver e pensar melhor sobre eles.

PRINCÍPIO

12

SEJA PROATIVO

Prepare-se previamente para as situações difíceis em casa e fora dela

Viver com uma criança com TDAH pode parecer opressivo ou, pelo menos, estressante grande parte do tempo. No espaço de uma única hora, sua filha pode passar de fazer coisas que não devia em casa a perturbar os irmãos e a se envolver em atividades arriscadas. Os pais que conheci na minha atividade clínica me disseram que seus filhos mexeram em produtos de limpeza tóxicos guardados embaixo da pia da cozinha, em ferramentas elétricas na garagem e no armário de remédios dos pais. Eles relataram brigas com irmãos e irmãs por causa de brinquedos ou do que assistir na TV e muitos empurrões mútuos ou um dos irmãos ser mais desordeiro do que os outros. Eu ouvi as histórias de crianças tentando pular com a bicicleta em uma rampa caseira na entrada de casa, trepar no alto do suporte de um balanço, rastejar no telhado do segundo andar depois de sair pela janela do quarto, colocar uma faca de cozinha em uma tomada elétrica, andar de *skate* no meio do trânsito, usar tampas de latas afiadas ou lâminas de serra elétrica como *frisbees* e literalmente brincar com fogo. As crianças com TDAH são famosas por ir muito além do brinquedo exploratório de desenvolvimento saudável descrito no Princípio 11 (que é um fundamento para a solução de problemas) e experimentam derramar molho de chocolate em computadores ou TVs, derramar alvejante em uma cesta de roupas, misturar todos os cosméticos da mãe no tapete do quarto, bater nos móveis com um martelo, dar meias para o cachorro comer, pendurar o gato da família do lado de fora de uma janela pelo rabo e desenhar em um caro SUV branco com um marcador permanente – tudo isso só para ver o que acontece. Com base nesses relatos paternos, o TDAH cria mais estresse em uma família do que quase todos os outros transtornos psicológicos, inclusive o autismo.

Como têm tão pouco autocontrole, as crianças e adolescentes com TDAH muitas vezes precisam de mais "controle dos outros". Os outros têm de intervir para ajudar a gerenciar o comportamento deles quando parecem incapazes de fazer isso por si mesmo como se espera de uma criança da mesma idade. É claro, essa tarefa em grande medida cabe a você, que é o pai ou a mãe. Você pode se sentir como um bombeiro, passando boa parte do tempo correndo de um incêndio para outro, tentando apagar as chamas do comportamento problemático de seu filho. Você já fica esperando o surgimento do próximo problema, pois sabe que vai acontecer, enquanto tenta recuperar o fôlego e se recuperar emocionalmente entre as frequentes conflagrações comportamentais.

No entanto, o problema aqui não é realmente a falta de autocontrole de seu filho – isso é simplesmente uma parte do TDAH, algo que a criança não pode evitar. **O problema é como você reage a isso.**

O PROBLEMA: Os pais de crianças com TDAH muitas vezes atuam de modo reativo.

Embora eles tentem educar o público sobre prevenção de incêndios, os bombeiros em geral não deixam de agir no modo reativo. Eles não podem prever um incêndio nem evitar que aconteça; simplesmente respondem a um chamado de emergência para apagar incêndios. Mesmo que você se sinta como sempre fazendo controle de danos, isso não é realmente verdade: quando você corre de uma crise para a próxima, entra no modo de criação de filhos que é principalmente reativo – esperar que as coisas aconteçam e, depois, responder a elas. É exaustivo e realmente não leva você, nem seu filho nem o relacionamento de vocês a lugar algum. Felizmente, existe uma alternativa ao modo reativo.

A SOLUÇÃO: **Seja proativo.**

Ser proativo é pensar à frente, planejar para uma situação problemática e implementar seu plano antes que a situação ocorra, na esperança de reduzir ou eliminar o problema. No Princípio 4, você praticou o que fazer para lidar com determinadas situações ou ambientes antecipadamente para diminuir muito ou mesmo eliminar problemas associados a elas. Neste capítulo, nos concentramos nos horários normais do dia ou nas rotinas diárias que podem causar problemas. Você identificou esses períodos, principalmente em casa, que acabavam em conflito entre você e seu filho com TDAH porque vocês estavam brigando por causa do que a criança tinha de fazer, como fazer e quando fazer. A solução principal apresentada neste capítulo foi priorizar a lista de coisas a fazer para aquele período e diminuir o número de demandas de seu filho. Se você colocou esse princípio em prática, talvez já tenha reduzido o estresse associado com rotinas como se aprontar para a escola, fazer lição de casa, fazer as tarefas domésticas ou se arrumar para dormir. Mas essas rotinas regulares diárias ou semanais não são os únicos pontos de problemas para as crianças com TDAH. Eles ocorrem em todos os lugares a que você tem de ir fora de casa – *shoppings*, restaurantes, casas de amigos e parentes – além dos acontecimentos mais raros, mas previsíveis em sua própria casa, como jantares ou festas de aniversário.

O que fazer? As estratégias a seguir têm como alvo principal as situações problemáticas fora de casa, mas você pode aplicá-las em rotinas diárias, além da priorização explanada no Princípio 4.

Faça uma lista das situações problemáticas, em casa ou em locais públicos. Quando o tempo permitir, talvez à noite, depois que seu filho com TDAH tiver ido dormir, sente-se e faça uma lista das situações problemáticas recorrentes. Onde esses problemas têm mais probabilidade de acontecer? Se apesar de ter estabelecido prioridades você ainda estiver tendo problemas com alguns acontecimentos em casa – quando há visitas, quando está ao telefone, na hora da lição de casa, na hora de dormir, quando pede a seu filho que faça uma tarefa doméstica ou simplesmente durante o tempo livre – escreva isso. Pense também nos lugares e eventos fora de casa: lojas, restaurantes, igreja, parques e *playgrounds*, casas de parentes e amigos.

Escolha uma situação problemática e pense no que normalmente acontece. O que geralmente acontece nessa situação? Vamos exemplificar com fazer compras em um supermercado.

- Quando você entra na loja, a criança se solta e corre pelos corredores, fugindo de você?
- Seu filho mexe em tudo o que vê? Coloca coisas que você não quer no carrinho?
- A criança pede a você que compre alguma coisa para comer ou um brinquedo que ele acabou de ver em um balcão ou prateleira? (Por que você acha que as lojas põem doces e outros itens atraentes perto do caixa?)

Pense nas coisas que você pode fazer antes ou na situação para evitar o comportamento problemático. Agora que você entende o que está acontecendo, pense em como alguns dos outros princípios neste livro poderiam ajudar.

- Você pode começar lembrando-se de que a IE, idade executiva de seu filho (digamos, 6 anos) está cerca de 30% atrasada em relação a sua idade cronológica (digamos, 9 anos). Pergunte a si mesmo se deveria ter levado a criança ao *shopping* para comprar roupas ou cosméticos para você ou mantimentos para a família. Você deve levar uma criança de 6 anos a uma loja de roupas femininas, considerando que seria um tédio para ela? Por que não chamar uma babá para que você possa fazer compras em paz?
- Talvez você possa pensar no Princípio 2 e lembrar-se de que seu filho tem um transtorno. A falta de autocontrole na loja não é intencional; é parte do TDAH. Você pode mudar o modo como reage e planejar antecipadamente para evitar comportamentos problemáticos, mas apenas isso. Aceite essa realidade e parte do seu estresse vai diminuir antes de entrar na loja, deixando você com mais recursos para lidar com a ida ao *shopping*.
- Quando estiver em uma loja, definida como prioritária segundo o Princípio 4, determine o que você realmente tem de fazer e

esteja preparado para reunir e comprar apenas coisas essenciais, se a situação não correr bem. Pense em como você pode reduzir suas expectativas sobre o comportamento de seu filho na loja, o que reduz o conflito para que possa concluir a tarefa o mais rápida e calmamente possível.

- Lembre-se do Princípio 8 e tenha em mente a cegueira temporal e a impaciência de seu filho: regule o *timer* digital no celular (a função temporizador) quando entrar em uma loja e dê o celular ao seu filho de modo que ele posa ver a passagem do tempo enquanto você faz compras e entenda que essa atividade não vai demorar muito. Ao ver o tempo passar, ele terá mais facilidade de esperar até o fim. Ou ainda, você pode administrar melhor o tempo: se estiver comprando mantimentos, não seria mais efetivo fazer o pedido *on-line* e depois marcar um horário de retirada em que você vá para o lugar designado no estacionamento e pegue rapidamente suas compras já pagas e embaladas?
- Use o que aprendeu no Princípio 7: quando estiver fazendo compras, dê atenção a seu filho em vez de só à lista de compras; lembre a ele como ele deve se comportar e chame a atenção dele com toques gentis.

Desenvolva um plano de transição. Plano de transição é um conjunto de etapas que você vai aplicar logo antes de entrar na situação problemática. Para criar um plano de transição, você precisa decidir os itens a seguir.

- ***As regras.*** Mantenha duas ou três regras que você espera que seu filho obedeça nessa situação. Por exemplo, se estiverem indo para uma loja, diga a seu filho (1) para ficar perto de você, (2) para não tocar em nada sem perguntar e (3) que não peça a você para comprar nada.
- ***A recompensa.*** O que ele pode ganhar ao seguir as regras que você estabeleceu? Uma ideia é usar o sistema de fichas e, durante as compras, dar fichas à criança que ela pode usar para comprar alguma coisa na saída (doce, sorvete, cheeseburguer etc.). Ou levá-la a um lugar de que ela goste logo depois etc. Resumindo, qual incentivo que você dará à criança por ela seguir as regras?

- ***A punição.*** O que você planeja fazer para discipliná-la se sua filha quebrar uma regra ou comportar-se mal? Você pode retirar algumas fichas; colocar a criança de castigo em um canto tranquilo da loja? (Veja os quadros nas próximas páginas.) Retirar algum privilégio?
- ***Algo para seu filho fazer.*** Mãos ocupadas são mãos felizes quando pertencem a uma criança com TDAH. Aqui estão algumas ideias que você pode considerar para diferentes situações problemáticas:
  - *ao fazer compras*, leve algo para seu filho brincar, como um videogame, seu celular com um jogo instalado nele, um Transformer ou My Little Pony ou outra coisa que ele goste de manipular;
  - peça à criança que pegue itens específicos na prateleira e coloque-os no seu carrinho;
  - se a criança for pequena, coloque-a no carrinho para mantê-la quieta durante as compras, mas garanta que tenha algo para fazer ali. Alguns supermercados têm carrinhos projetados de maneira que a criança possa ficar na frente ou logo abaixo do carrinho.
  - *Em casa*, pense sobre o que seu filho pode fazer ativamente e que vai afastar os problemas que você costuma ter. Isso pode significar deixá-lo ajudar você na tarefa. Em vez de deixar a criança com seus dispositivos enquanto faz suas tarefas, o que lhe dá muita liberdade para se comportar mal, você pode pedir ajuda a ele. Ou pode pedir que faça alguma coisa de que gosta enquanto você trabalha, como desenhar, colorir, brincar com argila ou construir alguma coisa com blocos.
  - *Se estiver trabalhando ao ar livre*, ele pode brincar com um ancinho e tentar juntar as folhas. Ter uma pequena pá de jardinagem para cavar a terra. Ter uma jarra para coletar insetos específicos que estejam por perto nessa época do ano. Desenhar com giz (lavável) no chão pátio ou na entrada de carros enquanto você trabalha ao ar livre. A atividade física diminui os sintomas de TDAH por algum tempo e certamente mantém a criança longe de problemas. Então, peça a seu filho que faça algo tão simples quanto exercícios, correr ao redor da casa com um *timer*, jogar amarelinha ou algo semelhante.

Ponha o plano de transição em ação. Siga estas etapas antes e durante a situação problemática:

- ***Pare!*** Antes de iniciar qualquer situação potencialmente problemática, pare e certifique-se de ter explicado o plano a seu filho. Por exemplo, ao ir para a loja, pare do lado de fora da porta para rever com ele o plano de transição. ***Nunca entre em uma loja sem um plano.***
- ***Revise.*** Afirme brevemente as regras que você estabeleceu. Se ele souber ler, pense em escrevê-las em um cartão de 7 cm por 12 cm e entregar a ele para que o carregue na situação. Se estiver usando as três regras já mencionadas para uma ida às compras, você pode dizer mais simplesmente: "Fique perto, não toque, não peça".
- ***Repita.*** Faça seu filho repetir as regras.
- ***Explique a recompensa.*** Diga a o que ele pode ganhar, repetindo para lembrá-la do incentivo de comportar-se bem durante a situação.

Como aplicar castigos em locais públicos

Não tenha medo de usar um castigo em local público, pois esse é o método mais efetivo de ensinar a criança a obedecer nesses locais. Depois de explicar aa regras e a punição à criança, e logo depois de entrar no local público, olhe ao redor em busca de um local conveniente para o castigo, caso seja necessário.

NAS LOJAS DE DEPARTAMENTO

Em todas as situações sugeridas aqui, lembre-se de que o principal é a segurança de seu filho. Não as aplique se tiver dúvidas quanto a isso.

- ☐ Leve a criança a um corredor que não seja muito usado pelos outros e coloque-o de frente a um lado vazio de um estande ou para um canto.
- ☐ Ou leve a criança à seção de casacos e deixe-o de frente para a arara de casacos.
- ☐ Use um canto vazio no departamento de pacotes/crédito ou um canto vazio de banheiro.
- ☐ Use um vestiário próximo.
- ☐ Use uma seção para mães e bebês (geralmente essas seções não são muito cheias e há mães acolhedoras ali).

- ☐ Fique perto de seu filho durante o castigo, estabeleça o tempo e depois retome o que estava fazendo antes.

EM SUPERMERCADOS

- ☐ Faça a criança ficar de frente para um balcão de alimentos congelados.
- ☐ Leve a criança para o canto mais distante da loja.
- ☐ Encontre o expositor de cartões de felicitações e faça a criança ficar de frente para o lado de trás do balcão enquanto você olha os cartões.
- ☐ É difícil encontrar um lugar para um castigo na maioria dos supermercados, assim, você pode ter de usar uma das alternativas ao castigo relacionadas no próximo quadro.

EM UMA IGREJA/TEMPLO

- ☐ Leve a criança para a "sala do choro", que existe na maioria das igrejas, onde as mães ficam com bebês irritados durante o culto.
- ☐ Use o saguão ou a entrada da igreja.
- ☐ Use um banheiro perto do saguão.

EM UM RESTAURANTE

- ☐ Use um banheiro.
- ☐ Ou use uma das alternativas relacionadas no próximo quadro.

NA CASA DE OUTRA PESSOA

Assegure-se de explicar a seus anfitriões que você está usando um novo método de gerenciamento infantil e pode ter de colocar seu filho em uma cadeira ou deixar a criança olhando para um canto em algum lugar se ele se comportar mal. Pergunte a eles onde você poderia fazer isso. Se não puder ser feito, use uma das alternativas do quadro a seguir.

DURANTE UMA LONGA VIAGEM DE CARRO

- ☐ Revise as regras com a criança e combine o incentivo antes de entrar no carro. Certifique-se de levar jogos ou atividades para ela fazer durante a viagem. Se precisar punir a criança, saia da estrada, vá para uma área segura e faça a criança ficar de castigo no chão do banco traseiro ou sentado fora do carro em um tapete bem perto. Nunca deixe a criança sozinha no carro e nunca deixe seu filho sem supervisão se ele estiver sentado fora do carro.

Se você usar o castigo em local público, o castigo precisa ser apenas a metade do que normalmente é em casa, porque castigo em locais públicos é muito efetivo com crianças. Além disso, se a criança sair do castigo sem permissão, tire algumas das fichas ou pontos que fazem parte do sistema de fichas (veja o Princípio 7).

- ***Explique a punição.*** Qualquer que seja o plano, diga diretamente à criança, por exemplo, antes de entrar na loja.
- ***Dê à criança algo para fazer imediatamente.*** Não espere para oferecer essa distração. Entregue a atividade à criança assim que entrar em uma loja.
- ***Dê* feedbacks *e recompensas frequentes durante a situação.*** Não seja como a maioria dos pais que espera até o fim de uma ida às compras para avaliar como a criança se comportou e se ela merece algo por bom comportamento. Sua filha com TDAH não pode esperar enquanto você atrasa as consequências de seu bom comportamento. Portanto, elogie, faça comentários de aprovação e dê pontos ou fichas frequentemente durante toda a atividade. **Não dê a sua filha uma chance de se comportar mal ao ignorar as coisas boas que ela está fazendo e reagir apenas às coisas ruins.**
- ***Avalie a situação no final.*** Concluída a situação terminar, dê mais *feedback* à criança sobre como você acha que as coisas ocorrera,. Pergunte o que ela achou. Depois, dê mais algumas recompensas se a situação foi especialmente bem. E lembre-se da regra no Princípio 7: haja, não tagarele; fale menos, toque mais e recompense com frequência.

Os lugares públicos são locais famosos em que os pais tendem a ser reativos em vez de proativos. Isso acontece porque você está ali por um motivo; tem algumas metas a cumprir, lugares a ir, trabalho a fazer ou até pessoas a encontrar. Mas você pode usar esse plano de transição em qualquer momento, em qualquer lugar quando seu filho estiver fazendo

Se você não puder usar castigo em um local público

Sempre há algum lugar onde você pode colocar seu filho em um canto quando não for possível tolerar o mau comportamento. Aqui estão algumas alternativas, mas devem ser usadas apenas se você não encontrar um lugar espaço conveniente onde aplicar o castigo.

1. Leve a criança para fora do prédio e coloque-a de frente para a parede.
2. Leve a criança de volta ao carro e faça com que se sente no chão dobanco de trás. Fique ao lado dela ou no banco da frente do carro.
3. Leve um pequeno bloco de notas em espiral. Antes de entrar em um lugar público, diga à criança que você vai anotar qualquer episódio demau comportamento e ela terá de ir para o local de punição assim que chegar em casa. É útiltirar uma foto da criança quando estiver de castigo em casa, mantenha-ano seu bloco de notas. Mostre a foto à criançaem frente ao local público e explique que é ali que ela poderá ir quando você voltar para casa se comportar-se mal.
4. Leve uma esferográfica ou caneta hidrográfica. Diga à criança, em frente ao localpúblico, que se ela se comportar mal você vai fazer uma marca nas costas da mão dela. Em casa, cada marcana mão será um tempo no castigo.

transição de um tipo de atividade para outro ou de um ambiente para outro. Digamos que sua família vai visitar seu irmão, e você sabe que seu filho com TDAH adora brincar com os primos e não vai querer ir embora. Para facilitar a saída suave e uma volta para casa menos irritante, crie um plano de transição que estabeleça as regras dando recompensas especiais por ele entrar no carro no momento adequado e por comportar-se enquanto estiver nele.Você pode fazer o mesmo quando tiver de tirar seu filho do videogame favorito dele ou de uma atividade ao ar livre para ir ao dentista ou a algum outro compromisso desagradável. Simplesmente ajuste o valor das recompensas à dificuldade que a criança terá com essa transição específica, mas mantenha uma punição consistente por todos os fracassos em seguir as regras para evitar que essas situações se tornem negativas demais. **A melhor estratégia para reduzir os problemas com uma criança com TDAH é ser proativo sempre que você**

puder e não só reagir a todos os problemas que seu filho possa criar. É claro que haverá acontecimentos inesperados com os quais você terá de lidar na hora e talvez recorrer a uma ação reativa, mas mesmo nessa hora você pode encontrar uma estratégia que tenha usado proativamente em uma situação anterior e resolver a situação atual.

Ser proativo ajuda você a evitar muitos comportamentos indesejáveis de seu filho com TDAH. Mas e aqueles colapsos emocionais e ataques de fúria que tendemos a ver nas crianças com TDAH mais do que nas outras crianças?mmm

O PROBLEMA: Crianças com TDAH têm dificuldade para regular as emoções, e não é porque elas não têm habilidades.

Como explicado na **Introdução**, as crianças com TDAH não regulam muito bem as próprias emoções. Elas são mais impulsivas quando se trata de mostrar emoções puras, são menos capazes de inibi-las e menos capazes de empregar as estratégias que todos nós usamos para moderar as emoções de modo que a expressão delas seja mais adequada à situação, tenha menos probabilidade de causar conflito com os outros e maior probabilidade de nos ajudar a alcançar as metas de longo prazo. O que um pai pode fazer em relação a essa deficiência? O que você leu anteriormente neste livro ajuda: prever as situações em que seu filho tende a sentir decepção, raiva, frustração ou mesmo empolgação ajuda você a evitar um ataque ou impedir desastres, modificando a situação ou evitando-a completamente. Implementar um plano de transição também ajuda. Mas nem sempre. Você pode conseguir controlar o comportamento disruptivo, mas não vai necessariamente ser capaz de impedir que seu filho sinta uma emoção forte e perca o controle.

A SOLUÇÃO: **Saiba como as emoções funcionam para intervir proativamente antes que emoções intensas tomem conta.**

As poucas pesquisas a respeito desse problema até hoje não descobriram muito quanto ao tratamento psicológico que possa ajudar a melhorar essa área de déficits executivos. O treinamento de habilidades sociais em que as crianças aprendem métodos de controle da raiva não se transferiu para o mundo real fora da situação do grupo de treinamento. Trabalhar individualmente com crianças com TDAH para ensinar estratégias que as acalmem quando estiverem emocionalmente irritadas também não obteve sucesso. A razão pode ser o mesmo problema descrito antes e repetido por todo este livro: o TDAH é mais uma dificuldade para usar aquilo que a criança já sabe, não um problema de saber o que fazer. Os poucos estudos feitos até hoje para reforçar a regulação das emoções se concentraram em ensinar novas habilidades – o que fazer, não foram projetados para tratar do problema real, do desempenho, ou de levar a criança a fazer o que ela sabe. Assim, ensinar habilidades de controle emocional, como administração da raiva, para crianças com TDAH provavelmente não as ajudará a *usar* essas estratégias de controle quando enfrentarem provocação emocional em uma situação de vida real.

Então, há algo que você possa ao menos tentar e realmente ajude seu filho com esse problema? Felizmente, sim, mas todas as estratégias vêm da compreensão de como as emoções são desencadeadas e, portanto, de que modo podemos ser capazes de intervir para ajudá-la a gerenciá-las. As estratégias modificam o ambiente ou os pensamentos de seu filho sobre uma situação potencialmente perturbadora para reduzir a probabilidade de que ele tenha uma intensa reação emocional. Essa ideia flui naturalmente do que já abordei anteriormente – se o problema tem a ver com realizar o que sabemos (não com saber o que fazer), então alterar o ponto de desempenho ajuda as crianças com TDAH a mostrar o que sabem e a controlar melhor suas emoções em uma situação.

Vamos começar com o modo em que nossas emoções são desencadeadas. Em qualquer situação, deve-se dar atenção ao que está acontecendo, avaliar a situação e responder:

Situação → Atenção → Avaliação → Resposta

Digamos que seu filho com TDAH está no *playground* e outra criança tenta pegar o brinquedo com que ele está brincando ou passa na frente dele para usar o equipamento que ele queria. Ou talvez a outra criança diga algo desagradável ou um insulto a seu filho. São acontecimentos potencialmente desencadeadores de emoções. Para você, uma situação desencadeadora pode ser outro motorista ultrapassá-lo repentinamente na estrada.

Quando o equilíbrio emocional da criança é desequilibrado, esse acontecimento recebe toda a atenção dele, muitas vezes rápida e exclusivamente. Ele para de dar atenção ao contexto mais amplo e se concentra no evento desencadeador. Você pode ver isso em seu filho com TDAH quando ele vira a cabeça rapidamente na direção da provocação, com os olhos arregalados, a boca entreaberta e um sinal claro de surpresa desagradável no rosto. Essa reação de se orientar para o gatilho e se concentrar plenamente nele é quase um reflexo, mas não completamente. Se você for ultrapassada por um motorista rude e perigoso, você pode concentrar toda a sua atenção nele e não na estrada e nos outros motoristas. Seu coração dispara ao imaginar o que poderia ter acontecido se o motorista tivesse cortado você um pouco mais perto de seu carro.

O cérebro muitas vezes avalia rapidamente esse evento desencadeador como uma ameaça, algo a ser atacado (raiva) ou evitado (medo) em uma reação de luta ou fuga. Para seu filho, pode ser apenas um evento específico e isolado, como alguém pegando um brinquedo dele na hora do recreio na escola ou no quintal, que leva depressa à frustração e até à agressão reativa. Mas também poderia ser um acontecimento demorado que amplia sua ativação e estado de alerta de modo mais geral, como uma festa de aniversário barulhenta em que todo mundo está falando alto, rindo ou se divertido e, com o tempo, isso estimula seu filho.

Seja qual for o evento, o cérebro avaliou rapidamente o evento desencadeador como algo que exige uma resposta emocional. E assim uma resposta é emitida – no caso de sua criança ou adolescente com TDAH, rapidamente (impulsivamente) e com mais intensidade do que com crianças típicas. Algumas vezes toda essa sequência de quatro etapas acontece em segundos, até mesmo semiconscientemente, e parece que é automática e reflexa – algo que não podemos fazer nada para melhorar com nossa mente consciente. Em uma criança com TDAH, uma vez que a emoção seja desencadeada, ela sobrecarrega a fraca parte executiva do cérebro ou a capacidade de pensamento racional, e assim nenhuma quantidade de raciocínio ponderado com uma criança nesse ponto vai adiantar. A emoção simplesmente tem de seguir seu curso antes que o cérebro executivo possa recuperar a calma e o equilíbrio.

Felizmente para todos nós, não é verdade que tudo isso é simplesmente automático. Apesar da velocidade em que essa sequência ocorre, entender que ela se desenvolve em quatro etapas nos ajuda a perceber em que pontos podemos intervir para alterar a resposta emocional.

O diagrama a seguir mostra onde e como você pode alterar o curso de um evento e as emoções que ele desencadeia no futuro. Há uma ressalva, porém: *a pesquisa mostra que quanto mais cedo na sequência você fizer as alterações, maior a probabilidade de que sejam bem-sucedidas em impedir que a emoção seja desencadeada ou em gerenciá-la quando acontecer.* Na verdade, tentar intervir mais tarde na sequência só é eficaz com crianças mais velhas, adolescentes e adultos, que tiveram tempo para desenvolver, em alguma medida, a capacidade de autorregulação emocional.

Seis pontos para evitar a desregulação das emoções

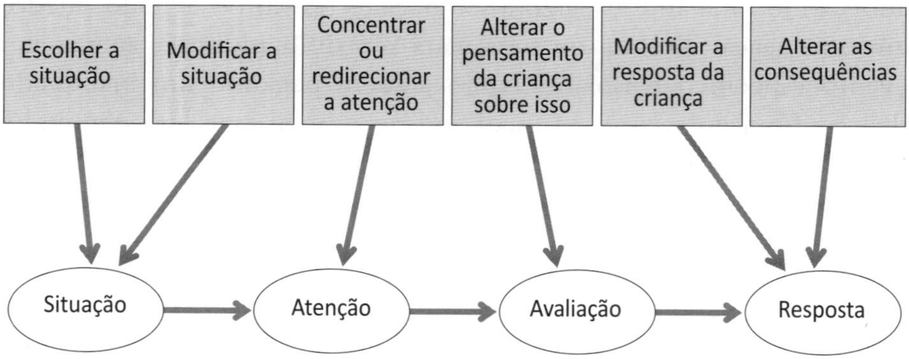

Esse diagrama foi baseado nas descrições do modelo modal de emoção encontrado em trabalhos publicados por Gross e colegas entre 1998 e 2011.

Escolher a situação

Do mesmo modo que você agiu anteriormente ao considerar as situações em que seu filho provavelmente vai se comportar de modo inadequado, examine as situações, lugares ou acontecimentos que têm maior probabilidade de desencadear emoções intensas nele. Agora, selecione situações alternativas para substituí-las. Se o valentão que faz com que seu filho reaja provavelmente estará no *playground* em determinado dia e horário, pare de ir a esse *playground* nesse horário. Evite os problemas emocionais, identificando emocionalmente os ambientes, eventos nos quais acontecem as provocações e até mesmo as pessoas provocadoras! Do mesmo modo que você evitaria levar seu filho com TDAH a um supermercado cheio na volta da escola para casa porque ele vai estar faminto e agitado e começará a pegar doces e outros lanches da prateleira, pense em qual é a maior dificuldade emocional de seu filho. Digamos que seja a frustração: evite que jogue bola com o irmão mais velho e atlético quando a criança com TDAH já estiver cansada. Não haverá uma emoção intensa que precise ser autorregulada se não chegar a ser provocada ou desencadeada.

Sei o que você deve estar pensando: como meu filho vai aprender controle emocional e enfrentar situações provocadoras sem se abalar se nós simplesmente evitarmos essas situações e não lhe ensinarmos as habilidades de que precisa para lidar com elas? Mais uma vez, ensinar habilidades não vai funcionar porque seu filho não consegue usá-las nas situações em que seriam úteis. Em segundo lugar, para uma criança com déficit biológico em autocontrole emocional, isso é como dizer a alguém em cadeira de rodas que usa uma rampa para entrar no prédio: «Como você vai aprender a entrar nesse prédio usando as escadas como todos nós quando continua evitando as escadas e dependendo dessa rampa?». Parece bem ridículo quando você fala desse jeito, não é? Problemas com base biológica não vão desaparecer porque ensinamos à pessoa habilidades para lhe mostrar como fazer alguma coisa melhor. Em vez disso, evite expor seu filho a um evento desencadeante sempre que puder. Você não terá de fazer isso para sempre, mas continue fazendo até que haja mais desenvolvimento cerebral e as capacidades executivas da criança progridam para dar a ela um pouco mais de controle emocional.

Modificar a situação

Certo, você e seu filho estão em uma situação que você não pode evitar e pode levar a um evento que desencadeie emoção. O que fazer? Pense em maneiras de modificar essa situação para reduzir o risco de gatilhos emocionais. Digamos que você não conseguiu evitar o *playground*: os amigos de seu filho queriam ir até lá, ou o valentão apareceu em um horário ou um dia em que não costuma ir. Nesse caso, vá para o outro lado do *playground*, onde o valentão não costuma brincar ou simplesmente dê meia volta e saia, se puder. Talvez você possa convidar os garotos para brincar no seu quintal ou na sua casa. Ou digamos que seu filho comece a brincar de pegador com o irmão mais velho antes de você perceber o que está acontecendo e agora você viu que a competição está acirrada e seu filho com TDAH está ficando frustrado e com raiva. Você pode chamar seu filho mais velho de lado e pedir a ele que pegue leve com o irmão mais novo? Você pode brincar com ele e interferir? Você pode definir um limite de tempo para o jogo e depois sugerir um jogo que o filho mais novo possa vencer (ou pelo menos competir em pé de igualdade)? Sem dúvida, você notou que a "situação" não inclui só o lugar, mas o horário e o período do dia, as pessoas envolvidas e exatamente o que está acontecendo, então possa fazer as modificações indicadas a seguir.

- *Modifique o local.* Passe para o outro lado do *playground*, encontre um lugar mais tranquilo para seu filho brincar ou estudar ou simplesmente saia do lugar.
- *Modifique o horário ou o período do dia.* Saia do local com a promessa de voltar quando souber que o gatilho não estará presente – o valentão e as outras crianças já terão ido embora, não vai estar tão quente ao ar livre etc. Ou corte a situação. Coloque um limite de tempo na atividade que normalmente aumenta a frustração de seu filho. Divida as coisas em incrementos de atividade com intervalos entre eles.
- *Faça modificações que envolvam as pessoas na situação.* Inclua a ajuda do irmão mais velho (com uma recompensa como incentivo), direcione seu filho para uma atividade com uma ou duas outras crianças em vez de muitas, ajude-o a brincar com crianças que têm a mesma EA se puder fazer isso sem ferir o orgulho dele, envolva outros adultos na atividade para manter as coisas calmas. Nem preciso dizer para não convidar o vizinho que sempre provoca seu filho quando seu ele já estiver com pouca paciência.

Concentrar ou redirecionar a atenção

Todos nós usamos essa estratégia de tempos em tempos. Estamos em uma situação e um evento emocionalmente provocador aconteceu. E agora?

Paramos de olhar para o ocorrido, ouvir o que acontece ou de nos concentrar nisso. Talvez você olhe para o outro lado, feche os olhos, cubra os olhos, dê meia volta – faz alguma coisa para afastar sua atenção do evento. Existe uma chance de que o redirecionamento impeça a reação emocional, mas mesmo que não impeça, ajuda a acalmar a intensidade das emoções e, talvez, até ajude mais depressa a se recuperar. Você se lembra de cobrir as orelhas ou fechar os olhos para evitar a parte mais assustadora de um filme de horror?

Assim, quando pensar em situações recorrentes que fazem seu filho ficar com as emoções à flor da pele, como você pode afastar a atenção dele do evento provocador ou gatilho? Se sua filha estiver ficando nervosa enquanto estiver no carro ou fazendo compras, e a espera paciente muitas vezes levar a um ataque, protesto ou birra, distraia a atenção dela do ato de esperar. Você tem algo com que a criança possa brincar? Algum papel para ela desenhar? Um app de jogo no celular para ela brincar? Tons de chamada no celular que ela possa ouvir e escolher um novo? Talvez fazer uma ligação para seu parceiro para que a filha converse com a mãe ou o pai enquanto espera? Que tal usar a câmara do celular para deixá-la brincar de fotógrafa e tirar fotos do que quiser? Modificar o que uma criança está esperando é outra maneira de evitar ou ajudar sua filha a lidar com as situações que desencadeiam emoções. As distrações relacionadas anteriormente no capítulo, na seção de planos de transição, podem ser usadas para evitar emoções expressas inadequadamente, além de desviar o comportamento.

Pensar antecipadamente no que você pode fazer para distrair ou modificar a atenção de seu filho trará dividendos no futuro porque um ataque de birra pode desabar antes que você perceba. Se já estiver na situação, terá de pensar rapidamente para achar uma distração, então é melhor ter algumas armazenadas na memória. Se você estiver na fila do caixa com uma criança de 4 anos que está para explodir diante de seu "Não" para doces, pode brincar de ver-não-ver com sua criança pequena para que ela cubra os olhos enquanto você passa pelo caixa? Você pode brincar de puxar o capuz do casaco de seu filhinho sobre os olhos dele para fazê-lo rir? Pode pedir à criança que fale com a caixa ou a pessoa na sua frente na fila para distrair a atenção dela? Ou ainda melhor, antes que a birra comece, estenda a mão depressa, pegue um pequeno pacote de doces, abra-o e diga a sua filha que ela merece essa recompensa porque ela foi muito boa nas compras com você hoje. Bingo, fim da birra.

Alterar o pensamento da criança sobre a situação

Não recomendo que você experimente essa técnica com crianças pequenas com TDAH porque significa falar com elas sobre o evento desencadeador, o motivo de isso as deixá-las incomodadas, razões pelas quais o evento não é tão ruim quanto acham que é, e outras maneiras de refletir sobre o que aconteceu que as ajude a lidar com a emoção intensa. Você está ensinando uma forma de raciocinar aqui que exige a reavaliação da importância dos pensamentos e dos eventos que desencadearam a emoção. As crianças com TDAH simplesmente não são boas nisso por causa de todos os seus problemas da função executiva, incluindo o autodiálogo verbal. Mas com uma criança mais velha ou adolescente questionar, raciocinar e até mesmo ser um modelo do que podem dizer a si mesmos para reduzir a importância do evento desencadeador pode funcionar. Mesmo assim, no entanto, os resultados da pesquisa sobre essa abordagem não são muito promissores. É isso que faz a terapia cognitivo-comportamental, ou TCC, que costuma ser usada com adultos e crianças com ansiedade ou depressão, com quem ela funciona melhor. Mas parece não funcionar bem para pessoas com TDAH antes que cheguem à idade adulta. Sim, o modo como pensamos sobre um evento determina em grande medida as emoções desencadeadas, mas esse é um pensamento muito profundo para ser entendido por uma criança de 6 anos quando ela está no meio de um ataque de raiva, episódio de choro ou outra manifestação de emoção intensa.

Modificar a resposta emocional

De todos os modos para intervir no gerenciamento de uma emoção intensa, esse é o que tem menos probabilidade de sucesso. Menciono isso porque faz parte da sequência de uma emoção, e algumas pessoas, em especial adultos, podem conseguir abafar as emoções intensas rangendo os dentes, agarrando os lados de uma mesa ou cadeira em que estejam sentados, e só usando a velha e boa força de vontade para tentar inibir a expressão da emoção ou, pelo menos, atuar sobre ela. Você ainda pode ver a emoção espelhada no rosto da pessoa, mas ela está se esforçando muito para não deixar que se manifeste fisicamente de nenhuma outra forma. Não acredito que isso tenha alguma chance de funcionar com uma criança ou adolescente com TDAH, que tem um problema com controle de impulsos.

Porém, existe outro modo de você implementar essa estratégia: faça seu filho tomar um medicamento para TDAH aprovado pelo órgão de vigilância sanitária (FDA, nos Estados Unidos; Anvisa, no Brasil). As pesquisas mostram que esses medicamentos não só aumentam a atenção e a inibição, eles melhoram as funções executivas, entre elas a regulação das emoções. Nem sempre ou não para todas as crianças, mas podem ajudar a maioria dos indivíduos. Assim, aqui está outra opção em sua caixa de ferramentas para ajudá-lo a gerenciar melhor as emoções de seu filho. Pense na medicação para TDAH.

Alterar as consequências da emoção

Essa abordagem é simplesmente usar os bons e velhos métodos de modificação de comportamento – implementar consequências negativas para o mau comportamento para que não aconteça novamente e, ao mesmo tempo, oferecer reforço para os episódios de controle emocional que foram bem-sucedidos. Não muda, necessariamente, a explosão emocional atual, mas tem uma pequena chance de reduzir a probabilidade de que aconteça novamente. Nos vários princípios descritos aqui, cobri muitas dessas estratégias de uso de recompensas e disciplina para tornar a criança ou adolescente com TDAH mais responsável pelo próprio comportamento, o que inclui atuar sobre as emoções. Assim, procure maneiras de recompensar o controle emocional quando seu filho lidar bem com um acontecimento gatilho potencial e considere usar o custo de resposta, multas ou castigo para emoções negativas excessivas fora de proporção diante do evento gatilho. Então, seja paciente: pode demorar algum tempo para que esse tipo de treinamento seja bem-sucedido em melhorar o controle emocional de seu filho. Contudo, é improvável que se elimine completamente o que é, em grande medida, um problema de base biológica de autorregulação emocional.

CONCLUSÃO
Juntando tudo

Neste livro, apresentei o que considero os 12 princípios mais importantes de que você precisa para criar seu filho com TDAH. Esses princípios estão fundamentados em meu trabalho com milhares de famílias, numerosos estudos de pesquisa com essas famílias e em mais de quatro décadas de acompanhamento da pesquisa e de trabalho pessoal no campo mais geral de TDAH. Na **Introdução** expliquei claramente o que é o TDAH para expandir sua compreensão, mas se quiser um estudo mais completo, consulte *Taking charge of TDAH*, agora na quarta edição. **Meu objetivo com este livro é dar a você uma atitude mental útil e uma caixa de ferramentas cheia de estratégias para ajudá-lo a lidar com o transtorno de seu filho e gerenciá-lo, mas igualmente importante: é para você cultivar e manter um bom relacionamento com seu filho de modo que ele prospere, o conflito seja minimizado e sua família funcione de modo gentil e feliz.** Os pais que conheço descobriram que adotar esses princípios promove a eficácia social, o desenvolvimento e a adaptação de seu filho ao mesmo tempo que cultivam um relacionamento próximo e sustentador entre pais e filhos.

Você talvez não precise de todos os 12 princípios ou de todos os métodos específicos apresentados aqui para abordar os déficits associados a eles. Se você conhece uma criança com TDAH, saiba que é uma criança com TDAH única, não há outra como ela. Seu filho é único, e você o conhece melhor do que ninguém. Espero que você retorne repetidamente aos princípios individuais à medida que seu filho cresce e encontre o que procura quando precisar, incluindo lembretes e apoio.

Uma maneira de lembrar-se dos 12 Princípios é fazer uma cópia da lista a seguir e colocá-la em um lugar em que você a veja todos os dias: no espelho do banheiro, na porta da geladeira ou dentro da porta do armário do seu quarto, por exemplo.

Além dos conceitos sobre TDAH fornecidos na **Introdução**, eu descobri em mais de 40 anos que uma parte fundamental para cuidar de uma criança com TDAH de modo que ela prospere agora e como adulto é o perdão. Como explicado no Princípio 2, é sempre importante lembrar-se de que seu filho tem um transtorno. Ele ou ela não consegue evitar o comportamento incomum e algumas vezes disruptivo. Com os 12 princípios em mente, você pode minimizar essa perturbação, proteger seu filho e promover a adaptabilidade e o sucesso dele. Porém, haverá momentos em que terá de praticar o perdão: perdoar seu filho, perdoar a si mesmo e talvez até as pessoas em volta de vocês que não entendem o TDAH.

12 princípios para criar uma criança com TDAH

Princípio 1. Use as chaves para o sucesso
Princípio 2. Lembre-se de que é um transtorno!
Princípio 3. Seja pastor, não engenheiro
Princípio 4. Ajuste suas prioridades
Princípio 5. Paternidade consciente: esteja presente e atento
Princípio 6. Promova a autopercepção e a responsabilidade de seu filho
Princípio 7. Toque mais, recompense mais e fale menos
Princípio 8. Torne o tempo concreto
Princípio 9. Se a memória de trabalho não funciona, descarregue-a e torne-a física!
Princípio 10. Organize-se
Princípio 11. Torne concreta a solução de problemas
Princípio 12. Seja proativo: planeje para as situações difíceis em casa e fora dela

PRATIQUE O PERDÃO

Como pai ou mãe de uma criança com um transtorno de desenvolvimento neurológico de autorregulação, você vai vivenciar um nível muito mais alto de estresse do que os pais de crianças típicas. Isso acontece porque seu filho precisa de muito mais estrutura, supervisão e gerenciamento de comportamento do que as outras crianças. Criar uma criança com TDAH parecer ser um trabalho que ocupa 24 horas por dia, 7 dias por semana. Você pode sentir que sempre tem de estar em alerta máximo para coisas que podem dar errado por causa do comportamento mal regulado de seu filho. Ele certamente não está antagonizando você nem tornando sua vida tão tensa de propósito, mas algumas vezes parece que é assim. Ajuda lembrar o que uma professora de educação especial me disse: **As crianças que mais precisam de nosso amor provavelmente demonstram isso das maneiras mais inesperadas**. Saber que seu filho tem um problema de base cerebral na capacidade de se autorregular e nas funções executivas necessárias para fazer isso deve evocar empatia e compaixão, além de disposição para fazer os ajustes apropriados e buscar os tratamentos mais eficazes baseados em evidências.

Mas se a compreensão de que você está lidando com uma deficiência não for o bastante, um modo poderoso de alterar sua atitude mental e perdoar é reescrever os 12 princípios como se seu filho com TDAH estivesse pedindo – até mesmo implorando – que você os coloque em prática. O quadro a seguir é um exemplo de como seria isso.

Se imaginar seu filho implorando que você coloque os 12 princípios em prática não trouxer lágrimas aos seus olhos, não fechar sua garganta nem o ajudar a ser mais compreensivo, compassivo e flexível, provavelmente você não sente empatia por seu filho – o que me parece muito improvável. Então, com o pedido dele em mente, considere seriamente os princípios ao educar sua criança ou adolescente com TDAH. Você não vai se arrepender.

Carta aberta de sua criança ou adolescente

Queridos mamãe e papai: eu realmente preciso de sua ajuda e compreensão sobre meu TDAH.

1. Eu sei que posso conseguir, mas vou precisar de seu amor, suporte e ajuda extra para fazer isso.
2. Eu não escolhi ser desse jeito, mas necessito que vocês me aceitem como eu sou.
3. Meu TDAH não define tudo em mim. Tenho muitos pontos fortes e aptidões únicos e sou uma pessoa única, mas preciso que vocês me protejam e criem um ambiente no qual eu possa prosperar.
4. Nem sempre posso fazer tudo que vocês querem que eu faça e não quero brigar por causa disso. Então, por favor, deixem de lado algumas coisas que não importam tanto para nenhum de nós e se concentrem nas coisas que importam.
5. Não consigo controlar meu comportamento tão bem como as outras crianças, mas preciso mesmo que vocês notem quando estou sendo bom para que eu me lembre de como me comportar melhor, e algumas vezes eu só quero estar com vocês e ser apreciado.
6. Nem sempre percebo que estou fazendo uma coisa errada; preciso que me ajudem a ser mais consciente disso e a me monitorar.
7. Não posso me motivar para o trabalho como as outras crianças. Vocês podem me ajudar a continuar meu trabalho e a terminá-lo ao me darem mais reforço externo, *feedback* e responsabilidade (e menos gritos e palavras).
8. Mamãe e papai, eu sou "cego para o tempo", então tentem ter paciência com isso; me ajudem a lidar com o tempo tornando-o real (físico) e dividindo os projetos grandes em etapas pequenas.
9. Eu sei que esqueço as coisas. Vocês podem fazer algumas ações para me ajudar a lembrar do que eu deveria fazer.
10. Também não sou muito organizado. Posso melhorar se vocês me ensinarem como me organizar e como organizar meus pertences.
11. Não consigo resolver problemas mentalmente tão bem como os outros. Ajudem-me para que eu tenha as partes do problema em mãos e possa resolvê-lo melhor.
12. Estar longe de casa e das minhas rotinas torna ainda mais difícil eu me concentrar e lembrar do que fazer. Vocês podem planejar as idas a lojas e a outros lugares para que eu consiga lidar com todas as distrações, tentações e com minhas emoções?

Não consigo lidar sozinho com meu TDAH: Vamos fazer isso juntos!

PERDOE SEU FILHO

Você também não se arrependerá de treinar até se tornar muito bom em perdoar seu filho. Ter TDAH significa cometer muitos mais erros do que as outras crianças. Você sabe que seu filho não quer se comportar desse jeito. Não é uma escolha. Ser 30% mais novo em IE (idade executiva) significa agir como alguém 30% mais novo em autocontrole.

Perdoar seu filho pelos erros que ele comete por causa dessa diferença não significa que você não tentará ajudá-lo a se comportar melhor. Faça isso usando os princípios deste livro. Isso quer dizer que você vai traçar um plano para ajudar seu filho a melhorar o comportamento dele **e deixar de lado todas as emoções que o último erro pode ter desencadeado**. Em vez de remoer o que passou, concentre-se em como ele pode fazer essa coisa melhor da próxima vez. Junto com ele, decida qual será o plano para lidar com o mesmo problema quando ocorrer novamente. Depois, esqueça tudo o que aconteceu da última vez. Quando seu filho entender que o que ele fez foi incorreto e você o incentivar a pedir desculpas e a compensar qualquer dano que o erro possa ter causado, concentre-se em ensiná-lo o que fazer. Com isso em mente, **perdoe**.

Essa abordagem será benéfica não só para seu filho, mas para você. Ter de intervir tão frequentemente nas ações de seu filho causa muito estresse. O estresse cumulativo dessas intervenções diárias gera irritabilidade, raiva e ressentimento. Existem muitas maneiras de lidar com esse estresse, como atividades físicas, ioga, meditação, reservar um tempo para ficar sozinho, compartilhar as responsabilidades com o parceiro ou parceira, encontrar maneiras de se energizar como hobbies, amigos ou um grupo da igreja. A atenção plena, apresentada no Princípio 5, pode ser especialmente útil para aprender a deixar a perturbação de lado. Os métodos de autocuidado são discutidos mais detalhadamente na quarta edição de *Taking charge of TDAH*. Porém, um modo certo de administrar a raiva e a perturbação é perdoar a criança que parece gerá-las.

Então, lembre a si mesmo com frequência da deficiência de seu filho ou de sua filha. Esforce-se para abordar o comportamento difícil dele e dela com compaixão e estratégias construtivas. Encontre ironia e até mesmo humor no comportamento ruim da criança ou adolescente, se conseguir. Depois, quando seu filho voltar a se comportar razoavelmente bem, diga a ele que você o perdoa, se isso parecer adequado. No mínimo, faça isso mentalmente.

E lembre-se, como Paula Lawes escreveu em *LifeHack.org*, **o perdão é um presente que você dá não aos outros, mas a si mesmo**. O perdão não significa deixar a outra pessoa escapar da responsabilidade com facilidade nem presentear alguém que você acha que não merece. É um meio de dispersar mentalmente as toxinas venenosas que se acumulam na sua mente por causa de raiva, mágoa, pesar, ressentimento, humilhação ou simplesmente estresse que acontece nas interações com outra pessoa – nesse caso, sua criança ou adolescente com TDAH.

Alguns pais, no decorrer dos meus muitos anos de clínica prática, me ensinaram algumas coisas que consideram útil para se manter equilibrados emocionalmente, reduzir o estresse, perdoar as crianças com TDAH e se esforçarem para ser pais mais amorosos e compassivos. Eu achei esses métodos de convivência tão úteis que os repassei a outros pais e agora a você, leitor.

Colocar na porta da geladeira uma imagem de seu filho em um bom momento. Uma mãe me disse que ela descobriu essa estratégia por acaso e isso a ajudou a permanecer relativamente calma ao lidar com os frequentes comportamentos ruins de seu filho com TDAH. Em um dia de primavera, ele estava brincando no quintal e voltou para casa com algumas flores que colheu no jardim. Ele deu as flores a ela, como um presente. Em vez de ficar brava com a destruição do jardim, ela pegou o celular, tirou uma foto, imprimiu e colocou na geladeira. A foto é um lembrete diário de quem o filho realmente é: uma criança meiga, atenciosa e gentil e não apenas um criador de problemas. Quando se sente perturbada com o filho e perdendo o controle das emoções, ela vai até a geladeira e olha longamente essa foto. Esse é seu filho verdadeiro, e não seu gêmeo momentaneamente ruim, com quem ela está brigando durante toda a manhã por causa de várias infrações de regras e maus comportamentos. É uma ótima ideia.

Fazer exorcismo diário! Outro pai me disse que o modo que ele lida com o frequente comportamento ruim da filha para reduzir seus níveis de estresse é o que ele chamou de "exorcismo diário". No meio ou no final do dia (ou nos dois horários!), ele se senta com uma folha de papel e caneta e sua bebida favorita para relaxar e faz uma lista de tudo que sua filha fez de errado até esse momento. Ele até anota alguns dos problemas mais flagrantes em letras maiúsculas com pontos de exclamação no fim. Quando acha que fez a lista mais completa possível e, assim, pôs para fora tudo sobre os confrontos com sua filha, ele faz algo incomum: vai até o quintal, pega um fósforo, põe fogo em um canto da folha e observa enquanto queima lentamente. Quando o fogo se aproxima de seus dedos, ele solta o papel e com isso libera todos os sentimentos ruins que pode ter guardado em relação à filha nesse dia. Depois, ele diz: "Eu te amo e te perdoo". Tudo está acabado, passado e exorcizado de sua mente e de sua vida. Talvez essa estratégia também funcione com você.

Observar o filho dormindo. Isso funciona melhor com crianças mais novas do que com adolescentes, que podem achar que você está fazendo uma coisa muito esquisita se acordarem. E um adolescente adormecido pode não transmitir a imagem que buscamos aqui. Uma mãe me disse que quando ela tem um dia especialmente ruim com seu filho pequeno com TDAH, ela encontra um momento depois de ele ter ido dormir, vai silenciosamente até a porta do quarto dele, abre-a só o bastante para entrar no quarto e encontra um lugar para se sentar no chão com as costas apoiadas na parede. Então, ela passa algum tempo observando o filho que dorme. Poucas coisas transmitem uma imagem de inocência como uma criança adormecida. Isso dá um quentinho no coração, não é? Como você pode não deixar de lado as dificuldades do dia enquanto o observa dormindo com tanta inocência? E em dias muito estressantes, ela pode até mesmo levar uma taça de vinho para beber enquanto tenta encontrar paz no quarto enquanto ele dorme.

Tenho certeza de que você tem ou encontrará maneiras próprias para reduzir o estresse, achar paz na vida e deixar de lado os eventos estressantes de ser pai ou mãe a cada dia. Talvez tomar um banho de espuma à luz de velas com seu fundo musical favorito; ou fazer uma longa corrida; exercitar-se na academia enquanto as crianças estão na cama e seu parceiro/sua parceira está em casa para supervisioná-las; um período de contemplação tranquila e prece ou meditação em seu lugar preferido para tirar um tempo pessoal. Talvez você ligue para uma (um) amiga(o) próxima(o) com quem possa simplesmente conversar sobre o dia, ou trocar ideias com seu esposo ou esposa. No final de todas essas atividades acontece um ato mágico – perdão. Seu filho depende de você para tudo.

Você é a âncora da criança, a rocha dela, o guia dela, terapeuta, professor, protetor, provedor e, acima de tudo, **você é o pastor/a pastora de seu filho.**

Perdoe a si mesmo

A segunda razão pela qual você precisa praticar o perdão para seu filho com TDAH é para perdoar a si mesmo, muitas vezes. Por quê? Porque não é só seu filho que cometerá muitos erros, você também. Isso está incluído no papel de pai ou mãe. Ninguém é um pai perfeito; *todos* cometemos erros ao criar nossos filhos. O segredo de criar filhos bem ajustados não é não cometer nenhum erro – é impossível. É esforçar-se para acertar da próxima vez que a situação se repetir. É buscar ser uma pessoa melhor em proporção ao erro cometido. E o único modo que você pode seguir esse conselho é não se demorar em seus erros, mas reconhecer que eles aconteceram, pedir desculpas e expressar o arrependimento para a pessoa que você talvez tenha tratado mal – certamente inclui seu filho. E depois deixar o erro de lado com um ato de autoperdão. Você pode dizer a si mesmo que agora percebe que aquilo que disse ou fez não era certo. Você não foi o pai que queria ser ou sabe que pode ser. Prometa a si mesmo que tentará fazer melhor da próxima vez e ser um pai melhor para seu filho. Depois, deixe de lado sua perturbação e perdoe a si mesmo por esse erro.

Uma observação a respeito de perdoar os outros

Você sabe que seu filho tem um transtorno de desenvolvimento neurogenético; os outros provavelmente não sabem. Você sabe que seu filho nem sempre pode evitar se comportar de modos atípicos e disruptivos; os outros não sabem. E você sabe que seu filho necessita de mais compreensão, compaixão, cuidado prático e gerenciamento do que as outras crianças em consequência de sua deficiência; os outros não sabem. Muitas vezes, especialmente quando vocês estão em público ou com amigos e parentes distantes, outras pessoas podem interpretar mal a natureza do comportamento disruptivo de seu filho e, em especial, a fonte dele (os pais). Eles vão julgar duramente não só o comportamento ruim de seu filho, mas você e suas habilidades de criação de filhos.

Você não será capaz de mudar a compreensão de todas essas pessoas nem da sociedade mais ampla, não importa o quanto seja bom defensor de crianças com TDAH. Então só resta uma coisa que você pode fazer para proteger sua própria tranquilidade mental: perdoar! Não, isso também não vai mudar as pessoas. Mas pode, pelo menos, reduzir o *seu* estresse.

Quando alguém olha fixo para você ou seu filho ou faz um comentário desagradável, geralmente desencadeia argumentos mentais, recriminações e pensamentos de vingança. Mas essas respostas tendem a simplesmente aumentar sua indignação. Eu sugiro que você pratique alguns métodos mentais de recuperação que ensinamos na terapia cognitivo-comportamental. Examine de onde vieram as reações críticas dessa pessoa. Quase sempre é do desconhecimento do TDAH. Essa pessoa realmente não entende o que você está passando e, em especial, o que seu filho está passando. E isso é culpa da outra pessoa, problema dela – você não tem de assumi-lo. Então pratique o perdão. É claro que não é necessário dizer isso em voz alta, mas diga a si mesmo: "Eu perdoo seu desconhecimento da deficiência de meu filho. Eu perdoo sua condenação sem base de meu filho e de mim". Muitos pais perceberam que esse é o modo mais rápido de se livrar da raiva, de arrependimento ou mesmo humilhação. Depois, siga em frente. Saia do ambiente, vá para outro espaço com seu filho e, depois, vá para outro lugar melhor mentalmente também.

PENSE EM MEDICAÇÃO QUANDO OS 12 PRINCÍPIOS NÃO FOREM SUFICIENTES

Algumas vezes, mesmo quando os pais seguem os princípios determinados neste livro, não é suficiente reduzir completa ou eficientemente todos os sintomas e deficiências vivenciados por uma criança com TDAH. Afinal de contas, é um transtorno de desenvolvimento neurológico. Isso implica a permanência dessa condição durante o desenvolvimento na maioria das crianças diagnosticadas na infância. E se usar os 12 Princípios não for o bastante? Bom, se um transtorno é em grande medida de origem biológica (como diabete ou epilepsia), como é o TDAH, temos de considerar a inclusão de terapias biológicas. Se o TDAH de uma criança ou adolescente for tão prejudicial a ponto de levar a danos, à expectativa de vida mais curta ou mesmo à morte precoce, e o uso dos princípios aqui apresentados ainda deixar a criança com esse enorme risco, então é correto tratar a criança com um agente biológico aprovado para o gerenciamento de TDAH. Como pai ou mãe, a decisão depende de você. Se achar que seu filho pode precisar de mais ajuda do que está conseguindo no momento, eu o incentivo intensamente a informar-se sobre medicações para TDAH, que têm sido estudadas profundamente e são discutidas detalhadamente em livros como *Straight talk about psychiatric medications for Kids*, do Dr. Timothy Wilen, e também no meu livro *Taking charge of TDAH*. Porém, eu também entendo que os pais têm receios em aprovar o uso de medicamentos psiquiátricos em crianças, assim, dispersarei aqui os mitos que ouvi de muitos pais no decorrer dos anos. Você também pode estar interessado na história pungente de um pai que descobriu que os medicamentos para TDAH mudaram a vida de seu filho. No *site* Scary Mommy (em inglês), Rita Templeton descreve como seu filho reagiu a um teste de medicação: "Pela primeira vez em... bom, talvez em toda sua vida, Colin parecia verdadeiramente relaxado. Mas não de um modo chapado e desconectado; de um modo aliviado. Como alguém que finalmente pôde deixar de lado o fardo da barragem que havia sido injustamente colocada sobre ele por tanto tempo" (www.scarymommy.com/why-parenting-my-son-with-adhd-is-like-hugging-a-butterfly).

Mitos sobre medicamentos para TDAH

1. *TDAH não é um transtorno verdadeiro, por isso usar medicamentos para administrá-lo é simplesmente errado.* Milhares de estudos científicos sobre o TDAH devem ter dispersado este argumento, mas ele ainda é usado. Transtornos reais são deficiências em capacidades mentais com base biológica que deveriam ser universais nos seres humanos (todos deveriam desenvolvê-las), e essas deficiências causam danos (maior mortalidade, morbidade ou deficiência em importantes atividades da vida). O TDAH cumpre claramente essas condições, por isso o TDAH é um transtorno real.

2. *TDAH pode ser um transtorno real, mas não é o resultado de problemas biológicos. É o resultado de fatores sociais, como alimentação, tempo diante de telas* *ou criação ruim. Portanto, as medicações são injustificáveis, pois apenas mascaram a fonte real do problema.* O TDAH é um transtorno com base biológica (veja a quarta edição de *Taking charge of TDAH* para mais informações), portanto, usar agentes biológicos como medicamentos para ajudar a lidar com ele é justificado quando as terapias psicológicas não são o bastante para abordá-lo.

3. *As medicações para o TDAH são potentes, fármacos que alteram o estado mental e podem causar dano cerebral.* Não há evidências nas centenas de imagens neurológicas ou outros estudos que mostrem que os medicamentos para TDAH, quando tomados conforme prescritos, prejudiquem o cérebro da criança ou seu desenvolvimento. Sim, se esses fármacos forem abusados em doses elevadas e introduzidos no corpo por outros meios, como injeção ou inalação, por períodos extensos, podem ocorrer alterações e danos ao cérebro. Porém não é assim que esses medicamentos são usados para o TDAH, por isso não se encontrou nenhuma evidência de dano ou desenvolvimento deficiente. Em vez disso, há atualmente (2021-2023) pelo menos 33 estudos que mostram que o tratamento extenso com medicações estimulantes para TDAH podem na verdade promover o desenvolvimento nas regiões do cérebro associadas ao TDAH, que são muitas vezes menores do que as mesmas regiões em cérebros típicos.

4. *Os medicamentos para TDAH podem levar a risco futuro de dependência de outras substâncias, especialmente outros estimulantes.* Existem agora mais de 18 estudos, entre eles meu próprio estudo longitudinal, que não encontraram evidências de que tratar crianças ou adolescentes com medicamentos para TDAH aumente o risco de transtornos de uso posterior de substâncias. Na verdade, alguns estudos encontraram que tomar medicamentos para TDAH continuamente durante a adolescência reduziu o risco futuro para alguns tipos de uso de drogas. Entenda que as crianças e adolescentes com TDAH que não foram tratados com medicamentos para TDAH têm risco significativamente mais elevado para transtorno posterior de uso de substâncias. Portanto, é o TDAH, e não os medicamentos para TDAH que aumentam o risco posterior de dependências ou outros problemas de uso de substâncias. Tratar o TDAH deve reduzir esses riscos.

5. *É melhor tentar terapias alternativas, sem necessidade de prescrição, ou terapias naturais antes de experimentar um medicamento prescrito para TDAH.* Eu gostaria que isso fosse verdade. Os estudos revelam que muitos pais (mais de 60%) tentaram terapias alternativas ou naturais para o TDAH de seu filho antes mesmo de conversar sobre o TDAH com o médico da família. Essas terapias, se eficazes, nos ofereceriam uma alternativa fácil e mais barata ao uso de medicamentos. Porém, não existem terapias naturais, fitoterápicas, alternativas ou outras formas de terapia que sejam tão eficazes para gerenciar o TDAH e para tantas pessoas como os medicamentos aprovados para o TDAH por órgãos reguladores (FDA, nos EUA; Anvisa, no Brasil).

6. *Eu deveria experimentar tratamento psicológico com meu filho antes de pensar em medicamentos para o TDAH.* Na verdade, isso não é um mito. É certamente isso que os Centros para Prevenção e Controle de Doenças (CDC), a American Academy of Pediatrics (Academia americana de pediatria) e outras organizações têm recomendado. E para uma criança com TDAH leve, que não tem necessidade urgente de tratamento, pode fazer sentido. Mas no caso de TDAH moderado ou grave ou quando houver dano iminente para a criança ou adolescente se o transtorno for deixado sem tratamento por muito tempo, essa abordagem não dá certo. Os tratamentos psicológicos podem levar muito mais tempo para produzir benefícios do que os medicamentos, eles produzem menos melhora do que os medicamentos e exigem implementação consistente de um adulto, o que talvez não seja possível em todos os ambientes (por exemplo, no caso de um adolescente estar dirigindo).

FECHANDO O CÍRCULO: MUDE SUA ATITUDE MENTAL PARA MUDAR O MODO QUE VOCÊ ENTENDE E CUIDA DE SEU FILHO COM TDAH

Os princípios neste livro foram planejados para ajudar você a atingir as metas que defini no início: entender o TDAH e usar as chaves para o sucesso que identifiquei como instrumentais para criar uma criança feliz e saudável com TDAH (veja o Princípio 1). Os primeiros princípios se concentraram em mudar sua atitude mental sobre o TDAH e sobre seu filho. Meu desejo é que você entenda o TDAH como muitos outros cientistas clínicos e eu viemos a compreender: um transtorno de desenvolvimento neurológico das funções executivas e da autorregulação que é feita com essas funções. O fato de sua filha, sem ter nenhuma culpa, ser bem menos capaz do que as outras crianças de controlar o próprio comportamento é o motivo de você ter de intervir muito mais do que os pais de crianças típicas para ajudar a gerenciar a criança, protegê-la de danos e alimentar seu desenvolvimento. Se você entender o TDAH desse modo, certamente diversos de meus outros objetivos ao escrever este livro serão alcançados.

Um deles é aceitar seus filhos como eles são, não como você queria que fossem. Evoque a perspectiva de que você é um pastor, não um engenheiro. Você não pode planejar seus filhos (apenas pode definir se deseja tê-los, mas não quem serão) nem replanejá-los para se livrar do TDAH. Outra meta é promover uma abordagem mais consciente diante da criação de filhos para que você possa mais bem cuidar, avaliar, recompensar e apoiar seus filhos de outras formas e ajudá-los a se tornarem mais ajustados. Eu também espero que, ao obter compreensão melhor e mais profunda do TDAH e do conceito de ser um pastor consciente para seu filho, você também desenvolva senso de compaixão e perdão. Se você leu e começou a aplicar os doze princípios deste livro, provavelmente já desenvolveu uma atitude mental mais precisa, mais útil e menos estressante no cuidado com seu filho com TDAH.

Nossas referências mentais são influências poderosas porque organizam o que entendemos da vida e, neste caso, de nossos filhos. Ao fazer isso, elas determinam em grande medida os tipos de decisões que tomamos e as ações que fazemos para satisfazer às demandas do dia a dia e da criação de nossos filhos. Com sua nova perspectiva sobre o TDAH, você agora está em uma posição melhor para implementar os tipos de ajustes necessários para tornar seu filho menos incapacitado pelo TDAH. Em outras palavras, as estratégias que fluem dos 12 Princípios ajudarão seu filho a se adaptar, funcionar e ter sucesso. Esses princípios também são eficientes para você modificar seu próprio comportamento e ser um pai ou mãe mais eficaz e que expressa mais amor. E ensinam maneiras de você ajudar a modificar o comportamento de seu filho de modo que ele tenha sucesso no que precisa fazer ao mesmo tempo que mantém um relacionamento mais próximo com você.

MEU DESEJO PARA VOCÊ

Eu desejo a você todo sucesso na aplicação desses princípios básicos. Espero que você os considere úteis para gerenciar melhor sua criança ou adolescente com TDAH. Um médico ou pesquisador clínico não pode receber elogio maior do que saber que pais como você se beneficiaram com meu trabalho nesse campo. Esses princípios são resultado do trabalho de toda minha vida. Desejo também que você, ao usar esses princípios, não só alivie o TDAH de seu filho e as deficiências relacionadas, mas ainda mais importante, que melhore e fortaleça o relacionamento com seu filho. Esse relacionamento pode sustentar vocês dois no decorrer de toda a vida.

RECURSOS

Muitas fontes de informações adicionais, apoio e conselhos estão disponíveis na internet para o cuidado de crianças e adolescentes com TDAH. Reunimos aqui algumas indicações para pais, parentes, cuidadores, professores e outros profissionais que participam desse cuidado (psicólogos, neurologistas, psiquiatras, fonoaudiálogos, psicoterapeutas, fisioterapeutas etc.).

- **ABDA – Associação Brasileira de Déficit de Atenção:** no *site* você encontra explicação do que é TDAH, questionários-padrão para diagnóstico (apenas como modelo) e orientação de como deve ser feito realmente o diagnóstico correto, com os profissionais qualificados. Inclui cartilhas muito úteis que podem ser baixadas gratuitamente, incluindo uma sobre os Direitos dos Portadores de TDAH. Há ainda espaço para você contar e publicar sua história pessoal com o TDAH, dicas práticas para pais, professores e pessoas com TDAH, textos e artigos científicos. Um recurso importante disponibilizado pela ABDA é uma relação de médicos e psicólogos de todo o Brasil especializados em TDAH e locais onde encontrar tratamento gratuito. Há ainda um apanhado de publicações da mídia sobre o assunto, entre outros itens relevantes. Disponível em: https://tdah.org.br/. Acesso em: 9 fev. 2023.

Conheça alguns livros em português sobre TDAH, dislexia, TEA e outras questões que impedem o bom desenvolvimento das crianças e com as quais devemos aprender a lidar.

- PHELAN, Thomas W. **TDA/TDAH:** sintomas, diagnósticos e tratamento: adultos e crianças. São Paulo: M.Books, 2004.
- DUPAUL, George J.; STONER, Gary. **TDAH nas escolas:** estratégias de avaliação e intervenção. São Paulo: M.Books, 2007.
- FORELLAND, Rex; LONG, Nicholas. **Como educar crianças de temperamento forte**. São Paulo: M.Books, 2003.
- MILLER, Jeffrey A. **O Livro de Referência para a depressão infantil**. São Paulo: M.Books, 2003.
- MAGRI FILHO, Hélio. **Sou disléxico... e daí?** São Paulo: M.Books, 2000.
- WHITMAN, Thomas I. **O desenvolvimento do autismo**. São Paulo: M.Books, 2015.
- MARCELINO, Cláudia. **Autismo**: esperança pela nutrição. São Paulo: M.Books, 2018.
- SHAH, Amitta. **Autismo**: catatonia, shutdown e breakdown. São Paulo: M.Books, 2022.
- KIDD, Susan Larson. **Meu filho tem autismo, e agora?** São Paulo: M.Books, 2013.
- WILLIAMS, Chris; WRIGTH, Barry. **Convivendo com autismo e síndrome de Asperger.** São Paulo: M.Books, 2008.
- PAIVA Jr., Francisco. **Autismo**: não espere, haja logo! São Paulo: M.Books, 2012.

ÍNDICE REMISSIVO

Nota: *f* depois de um número de página indica uma figura.

B

C

F

Q

R

S